Heinz Pollay

Das Reiter-
abzeichen
leicht gemacht

Fachliche Bearbeitung: Hartmut Erbe
Illustration: Ulrik Schramm

Achte, neubearbeitete Auflage

Die Deutsche Bibliothek – CIP-Einheitsaufnahme

Pollay Heinz:
Das Reiterabzeichen leicht gemacht / Heinz Pollay.
Fachliche Bearb. Hartmut Erbe – 8. neubearb. Aufl. –
München; Wien; Zürich: BLV, 1994
    ISBN 3-405-14691-7
NE: Erbe, Hartmut [Bearb.]

Bildnachweis
BLV Archiv Sport S. 116
BLV Archiv Sport (Fotos Jürgen Kemmler): S. 29, 30,
32, 33, 36/37, 38/39, 50/51, 95, 117, 125, 128, 129, 131,
142, 144, 149, 150, 162/163
Hugo M. Czerny: S. 25
Marian Gadzalski: S. 2
Horstmüller: S. 57, 83, 100, 186/187
Werner Menzendorf: S. 66, 115
Erika Schiele: S. 9
aus: Edward C. Straiton »Pferdekrankheiten«: S. 112,
113, 114

Titelfoto: Jürgen Kemmler

Grafik:
Hellmut Hoffmann: S. 165
Kartographie Huber: S. 62, 63, 65, 73, 90, 101
Alle übrigen Grafiken von Ulrik Schramm

Umschlaggestaltung: Zero Grafik & Design, München

BLV Verlagsgesellschaft mbH
München Wien Zürich
80797 München

© BLV Verlagsgesellschaft mbH, München 1994

Herstellung und DTP: Rosemarie Schmid

Druck und Bindung: Ludwig Auer GmbH, Donauwörth

Gedruckt auf chlorfrei gebleichtem Papier

Printed in Germany · ISBN 3-405-14691-7

TEIL 1
Der erste Leistungsbeweis:
»Das Reiterabzeichen« 10

TEIL 2
Die Grundlagen 23

**TEIL 3
Vorbereitung und Training
für die praktische Prüfung 71**

**TEIL 4
Fragen und Antworten für die
theoretische Prüfung 102**

Anhang 168

Schon heute kann man sagen, daß das 20. Jahrhundert als das Jahrhundert der Technik in die Geschichte eingehen wird. Dennoch ist nicht abzusehen, was die Zukunft uns an weiteren Neuerungen bescheren wird. Was so schnell und leichthin als Fortschritt bezeichnet wird, trägt schon vielfach den Keim der schädigenden Rückwirkung in sich. Die Sorge um allzuviel Technik in unserem Leben läßt die Sehnsucht nach dem Natürlichen, nach der belebten Natur in ihren vielfältigen Erscheinungsformen ständig wachsen. Spät, aber hoffentlich nicht zu spät, haben die Menschen in aller Welt erkannt, daß zur Erhaltung der Natur, ihrem kostbarsten Besitz, Entscheidendes getan werden muß.

Eine der erfreulichen Erscheinungen, den Weg zur Natur zurückzufinden, ist der stetig zunehmende Wunsch zum Umgang mit dem Pferd, einem Freunde des Menschen. Aus der praktischen Nutzung in der Landwirtschaft und in verschiedenen anderen Gewerbezweigen nahezu verdrängt, findet das Pferd heutzutage fast nur noch als Reitpferd Verwendung. Die Züchter haben den Zug der Zeit frühzeitig erkannt und einen neuen Typ herangezüchtet – ein leichteres, elegantes Pferd mit gut ausgeprägten Grundgangarten. Das seit 1975 in einem gemeinsamen Zuchtziel verankerte *Deutsche Reitpferd* ist seitdem in Zucht und Sport ein feststehender Begriff, der weit über die Grenzen hinaus Ansehen und Bewunderung erfahren hat.

Wie auf vielen anderen Gebieten, sind nach dem Kriege auch Pferdezucht und Reiterei erst allmählich wieder gewachsen. Wenn beide dann systematisch und zielstrebig wieder aufgebaut werden konnten, so war dies der große Verdienst von *Gustav Rau*, der sowohl den Züchtern neue Ziele aufzeigte als auch die ländliche Reiterei und den Reitsport in den Städten zu neuem Leben erweckte.

Heute gibt es kaum ein Dorf oder eine Stadt, in der die Reiterei nicht gepflegt wird, was auch durch die zunehmende Begeisterung für das Freizeitreiten zum Ausdruck kommt. Die Zeit, in der das Reiten nur wenigen Menschen vorbehalten war, ist längst vorüber. Reiten ist heute ein Volkssport wie viele andere Sportarten auch. Und doch nimmt es unverändert eine Sonderstellung ein, denn Reiten ist der einzige Sport, in dem *zwei* Lebewesen – Mensch und Tier – zusammenwirken müssen. Hierin liegen Schwierigkeit und Reiz zugleich. Wenn man danach fragt, ob jeder Mensch das Reiten erlernen kann, so ist diese Frage uneingeschränkt mit »ja« zu beantworten. Allerdings erfordert das bestimmte Voraussetzungen – eine gute körperliche Verfassung, Geschicklichkeit und Ausdauer, Geduld und Liebe zum Pferd sind vielleicht hier die wichtigsten.

Je früher man sich mit dem Pferd vertraut macht, um so schneller werden sich Fortschritte in seiner Beherrschung und später in seiner Ausbildung einstellen. Zunächst wird der Reiter vom Pferd lernen. Es ist daher wichtig, am Anfang über ein Pferd zu verfügen, das einen guten Ausbildungsstand hat. Später werden sich die Rollen dann vertauschen. Niemand sollte aber auf den Gedanken verfallen, das Reiten ohne die Hilfe eines Reitlehrers erlernen zu wollen. Er wird sich meistens sehr schnell am Ende seiner Kunst sehen, ganz abgesehen von der Unfallgefahr. Wer Liebe zum Reiten in sich fühlt und sich entschlossen hat, das Reiten zu erlernen, muß sich auf einen längeren Weg gefaßt machen, ein Weg, auf dem neben der Freude gelegentlich auch Enttäuschungen und Rückschläge liegen. Mit Ausdauer und Geduld führt dieser Weg aber immer aufwärts. Und an seinem Ende steht die beglückende Gewißheit, mit dem Pferd ganz vertraut zu sein und es in echter Partnerschaft zu beherrschen.

> Laßt mich nur auf meinem Sattel gelten!
> Bleibt in Euren Hütten, Euren Zelten!
> Und ich reite froh in alle Ferne,
> Über meiner Mütze nur die Sterne.
>
> *Goethe*

Je früher ein Kind oder Jugendlicher zum Pferd findet, um so schneller wird aus ihm ein wirklicher Reiter.

TEIL 1
Der erste Leistungsbeweis:
»Das Reiterabzeichen«

Es ist nicht Absicht des Buches, einen Reitlehrer zu ersetzen oder als Reitlehre für Anfänger zu dienen. Es soll vielmehr eine Grundlage für den Erwerb des Reiterabzeichens darstellen. Der Reiterabzeichen-Anwärter kann damit sein praktisches Können und theoretisches Wissen überprüfen.

Wie sieht es nun mit dem eigenen Können und Wissen eigentlich aus? Diese Frage wird sich jeder Sportler nach einer angemessenen Zeit stellen, wenn er seinen Sport ernsthaft betreibt. Und das gilt natürlich auch für den Reitsport. In der Leichtathletik z.B. unterrichten ihn Stoppuhr und Bandmaß über den jeweiligen Stand seiner Leistungsfähigkeit. Aber erst die Teilnahme an Wettkämpfen ist die Stunde der Wahrheit.

Seit 1930, von Gustav Rau geschaffen, gibt es auch in der Reiterei ein Leistungsabzeichen, das Deutsche Reiterabzeichen. Bis zum Jahre 1989 getrennt in ein »Deutsches Jugendreiterabzeichen« und ein »Deutsches Reiterabzeichen«, jeweils in mehreren Stufen, werden nunmehr einheitlich für alle Altersklassen vier Stufen des Leistungsabzeichens an alle Reiter vergeben. Wenn hier von Reitern die Rede ist, so gilt dasselbe natürlich auch für Reiterinnen.

Alle Reiterabzeichen sollen dem Inhaber bestätigen, daß er mit Pferden umzugehen versteht und über ein gewisses Maß reiterlicher Ausbildung verfügt. Sie sollen eine öffentliche Anerkennung für seine bisherigen Leistungen sein und zu steigenden Leistungen anspornen. Weiterhin sollen sie die Freude am Reiten fördern und die Gewähr dafür bieten, daß sich der Reiter mit Anstand in der Öffentlichkeit zeigen kann und in der Lage ist, sich selbst und andere vor Unfällen zu bewahren. Auch den Reitvereinen und den Reitinstituten soll das Abzeichen immer neuer Antrieb sein, das reiterliche Niveau ihrer Mitglieder und Reitschüler zu verbessern und ganz allgemein die Freude am Reiten zu fördern.

Wer nun glaubt, mit dem Erwerb des Reiterabzeichens auch ein fertiger Reiter zu sein und seine reiterliche Laufbahn damit als beendet ansieht, verzichtet unüberlegt auf viele frohe Stunden im Sattel, verzichtet auch auf eine so wertvolle Selbstbestätigung. Vielmehr sollte die alljährliche Wiederholung der Prüfung und der Erwerb der nächst höheren Stufe das nächste Ziel eines jeden Reiters sein. Das Reiterabzeichen ist ein *Leistungsabzeichen* und wird in mehreren Stufen – *Kleines Abzeichen, Bronze, Silber, Gold* – vergeben, das erstere als erste Stufe in der Reiterei überhaupt, wenn man vom *Reiter-Paß* absieht (siehe Seite 168 ff.). Es erworben zu haben, ist also ein Leistungsbeweis.

Für die Teilnahme am Turniersport der Kategorie B ist zur erstmaligen Ausstellung eines Ausweises für »Anfänger« mit Startberechtigung in Leistungsprüfungen (LP) der Klasse A und Teilnahmeberechtigung in Wettbewerben (WB) der Kategorie C der Besitz des Kleinen Reiterabzeichens (DRA Kl. IV), für die Teilnahme an LP der Kategorie B und A zur erstmaligen Ausstellung des Reiterausweises das Deutsche Reiterabzeichen Klasse III (Bronze) nachzuweisen. Damit wurde die seit 1982 geltende Regelung ab 1990 modifiziert und den Bedürfnissen angepaßt. Zweck dieser Regelung ist es, nur solche Reiter im Leistungssport zu zeigen, die ihr Pferd wirklich beherrschen und nicht bei jedem Sprung in »Wohnungsnot« geraten und denen das Pferd hoffnungslos davonstürmt. Solche Bilder gibt es leider immer wieder. Sie tragen natürlich nicht dazu bei, das Ansehen der Reiterei, den ästhetisch schönen und sicheren Umgang mit dem Pferd, zu fördern.

Die Anforderungen, die für die verschiedenen Arten des Reiterabzeichens gelten, sind von der Deutschen Reiterlichen Vereinigung (FN) in der Ausbildungs- und Prüfungsordnung (APO) festgelegt.

Es können folgende Reiterabzeichen erworben werden:
– Das Deutsche Reiterabzeichen Klasse IV
  – das Kleine Reiterabzeichen –
– das Deutsche Reiterabzeichen Klasse III in Bronze
– das Deutsche Reiterabzeichen Klasse II in Silber
– das Deutsche Reiterabzeichen Klasse I in Gold

Sonderprüfungen
Die Sonderprüfungen für das Kleine Reiterabzeichen und die Deutschen Reiterabzeichen in Bronze und Silber können mit Genehmigung der zuständigen Landeskommission für Pferdeleistungsprüfungen von Reitvereinen durchgeführt werden. Dem gleichgestellt sind Ausbildungsstätten, die dem Niveau eines FN-gekennzeichneten Betriebes entsprechen. Die Prüfung darf nicht im Zusammenhang mit einer Pferdeleistungsschau abgehalten werden und ist entsprechend den LK-Bestimmungen vorher anzumelden.

Richter für Sonderprüfung
Zur Abnahme der Sonderprüfung sind nur solche Personen befugt, die entsprechend als Richter berechtigt sind und möglichst die Turniersportqualifikation DM, SM besitzen. Die LK berufen wenigstens einen der beiden Richter und haben in eigenen Bestimmungen festgelegte Genehmigungsverfahren.
Jede Sonderprüfung oder Teilprüfung davon ist durch zwei den Bestimmungen entsprechende Richter abzunehmen. Eine Vertretung durch Herren, die nicht den Bestimmungen entsprechen, ist unzulässig. Das Richteramt dürfen solche Personen nicht ausüben, die als Reitlehrer den betreffenden Bewerber unterrichtet haben bzw. als Reitlehrer oder Leiter an dem Institut tätig sind, bei dem die betreffende Prüfung veranstaltet wird, sowie in einem verwandtschaftlichen Verhältnis zu dem Bewerber stehen oder dessen Verein als Mitglied angehören.
Die Richter haben die Pflicht, vor jeder Sonderprüfung die Teilnahmeberechtigung der Bewerber nachzuprüfen.

Die Beurteilung gilt grundsätzlich nur den Leistungen der Reiterinnen und Reiter selbst, ohne Rücksicht auf die sonstigen Eigenschaften oder Leistungen ihrer Pferde, die jedoch den Anforderungen der betreffenden Klasse (A oder L) voll genügen müssen. Es kann daher von den Richtern ein Pferdewechsel verlangt werden.

In allen Teilprüfungen wird das Richtverfahren nach freiem Ermessen angewandt. In jeder Teilprüfung erhält der Bewerber für seine Leistungen eine Gesamtnote zwischen 10–0 (ausgezeichnet bis nicht ausgeführt). Alle Teilprüfungen sind an einem Tage oder zwei aufeinanderfolgenden abzulegen.

Eine nicht bestandene Prüfung kann erst nach drei Monaten wiederholt werden. Beim Kleinen Reiterabzeichen muß auch bei Nichtbestehen nur einer Teilprüfung die gesamte Prüfung wiederholt werden. Beim Deutschen Reiterabzeichen in Bronze und Silber muß frühestens nach 3 Monaten, spätestens innerhalb von 12 Monate eine Wiederholung erfolgen, sofern nur eine Teilprüfung nicht bestanden wurde, bei nicht genügender Note in zwei oder drei Prüfungsteilen ist auch hier die gesamte Prüfung zu wiederholen. Auch bei zweimaligem Nichtbestehen der Prüfung in einem Prüfungsteil ist die gesamte Prüfung des DRA Klasse III oder II zu wiederholen.

Die Richter haben sich vor jeder Teilprüfung bei den Bewerbern zu vergewissern, daß diese die Sonderprüfung nicht etwa im Verlauf der verflossenen drei Monate erfolglos abgelegt haben.

Das Deutsche Reiterabzeichen Klasse IV
– Kleines Reiterabzeichen –

Zugelassene Teilnehmer:
Alle Reiter; es gibt keine Altersbegrenzung für die Abzeichenprüfungen. Bewerber, bei denen ein Attest eines Sportfacharztes oder Orthopäden vorliegt und das aussagt, daß zum Springreiten ärztlicherseits nicht zugestimmt werden kann, können von der FN (Antrag über die zuständige LK) Dispens für das Springen erhalten. Sie erhalten keine Urkunde und kein Abzeichen, aber eine Bescheinigung zur Beantragung eines Reiterausweises, ausschließlich für WB/LP ohne Springen der Leistungsklasse 6.

Die Sonderprüfung erstreckt sich auf folgende Teilprüfungen:

a) *Fertigkeit im dressurmäßigen Reiten:*
Vorreiten eines mindestens 5jährigen Pferdes, das den Anforderungen genügen muß, einzeln und/oder in der Abteilung nach Weisung der Richter in den drei Grundgangarten in Anlehnung an die Anforderungen der Klasse E. Zäumung: Trense. Ausbinde- oder Stoßzügel sind erlaubt.
Auf Verlangen der Richter kann ein Pferdetausch vorgenommen werden. Auch das Reiten ohne Bügel kann verlangt werden.
In die Bewertung werden einbezogen:
Reiten in den drei Grundgangarten, das Halten aus dem Schritt und Trab, Vorhandwendung, einfache Schlangenlinie und Schlangenlinien durch die ganze Bahn sowie weitere Lektionen in Anforderungen der Klasse E. Besonderer Wert ist auf guten Sitz zu legen.

b) *Fertigkeit im Reiten über Hindernisse:*
Vorreiten eines mindestens 5jährigen Pferdes, das den Anforderungen genügen muß, über einen Parcours mit 8 Hindernissen, davon mindestens vier verschiedene in der Höhe zwischen 0,60 und 0,90 m.
Besonders ausschlaggebend sind:
Sitz und Verhalten des Reiters/der Reiterin während des Springens, das mit einer Stilnote von 5,0 und besser bewertet werden muß. Hindernisfehler, Ungehorsam oder Sturz bedingen keinen festgelegten Abzug, fließen insgesamt jedoch in die Note ein; dritter Ungehorsam bzw. zweiter Sturz führen immer zum Ausschluß.

c) *Teilprüfung Theorie:*
– Ausrüstung, Zäumen und Satteln: Zusammensetzen und und Verpassen einer Trense, Auflegen von Trense und Sattel bei einem Pferd:
– Reitlehre: Grundkenntnisse auf dem Gebiet der Reitlehre, Hufschlagfiguren und Bahnordnung.
– Pferdehaltung und Umgang mit dem Pferd: Grundkenntnisse über Körperbau, Krankheiten, Pferdepflege, Fütterung des Pferdes.
(Hierbei wird auf die »Richtlinien für Reiten und Fahren« Band I und Band IV verwiesen.)
Bei zusätzlicher Absolvierung einer Teilprüfung

»Geländereiten« wird das DRA IV mit Sonderauszeichnung verliehen.
Hierbei werden die Anforderungen eines GeländereiterWB gem. LPO § 250/251 gestellt:
- Einzelnes Überwinden einer Geländestrecke (ca. 500 bis 1000 m) mit ca. 7 Geländehindernissen nicht über 0,80 m hoch, Hochweitsprünge bis zu 1,00 m weit in angemessenem Tempo (ca. 400 m/ Min.). Bewertet werden Sitz und Einwirkung des Reiters, die harmonische Bewältigung der gestellten Aufgabe und der Gesamteindruck.

Der Bewerber muß in jeder der drei Teilprüfungen eine Mindestwertnote von **5,0** oder besser erreichen.

Das Deutsche Reiterabzeichen Klasse III in Bronze

Zugelassene Teilnehmer:
Alle Reiter; es gibt keine Altersbegrenzung für die Abzeichenprüfungen. Die Voraussetzung für den Erwerb des Bronzenen Reiterabzeichens (DRA III) ist der Besitz des Kleinen Reiterabzeichens (DRA IV). Der Bewerber muß mindestens drei Monate im Besitz des DRA IV sein.

Bewerber, bei denen ein Attest eines Sportarztes oder Orthopäden vorliegt, daß zum Springreiten ärztlicherseits nicht zugestimmt werden kann, können von der FN (Antrag über die zuständige LK) Dispens für das Springen erhalten. Sie erhalten weder eine Urkunde noch ein Abzeichen, jedoch eine Bescheinigung zur Beantragung eines Reiterausweises, ausschließlich für WB/LP ohne Springen der Leistungsklasse 6 bzw. 5.

Die Sonderprüfung erstreckt sich auf folgende Teilprüfungen:

a) *Fertigkeit im dressurmäßigen Reiten:*
Vorreiten eines mindestens 5jährigen Pferdes, das den Anforderungen genügen muß, nach den Anforderungen einer Dressurprüfung der Klasse A lt. Aufgabenheft 1991 (Aufgaben A4–A6 einzeln oder zu zweit).
Zäumung: Trense; Hilfszügel sind zugelassen.
Beurteilt werden Sitz und Einwirkung des Reiters/der Reiterin.

b) *Fertigkeit im Reiten über Hindernisse:*
Vorreiten eines mindestens 5jährigen Pferdes, das den Anforderungen genügen muß, über einen Parcours nach den Anforderungen »Stilspringen Klasse A mit Standardanforderungen«.
Die »Standardparcours« (P1–P14) sind dem »Handbuch der Reit- und Fahrvereine – Merkblatt für Stilspringen mit Standardanforderungen« zu entnehmen. Die Abmessungen betragen 1,00–1,10 m in der Höhe und 1,20–1,40 m in der Weite.
Besonders ausschlaggebend sind:
Sitz und Verhalten des Reiters/der Reiterin während des Springens, das mit einer Stilnote von 5,0 und besser bewertet werden muß. Hindernisfehler, Ungehorsam oder Sturz bedingen keinen festgelegten Abzug, fließen jedoch insgesamt in die Note ein; dritter Ungehorsam bzw. zweiter Sturz führen immer zum Ausschluß.

c) *Teilprüfung Theorie:*
– Ausrüstung, Zäumen und Satteln: Zusammensetzen und Verpassen einer Trense, Auflegen von Trense und Sattel, Bandagieren eines Pferdes.
– Reitlehre: Kenntnisse auf dem Gebiet der Reitlehre, Hufschlagfiguren, Bahnordnung.
– Pferdehaltung und Umgang mit dem Pferd: Kenntnisse über Körperbau, Krankheiten, Pferdepflege, Fütterung der Pferde.
(Hierbei wird auf die »Richtlinien für Reiten und Fahren« Band I und Band IV verwiesen.)

Bei zusätzlicher Absolvierung einer Teilprüfung »Geländereiten« wird das DRA III mit Sonderauszeichnung verliehen.
Hierbei werden die Anforderungen eines GeländereiterWB gem. LPO 250/251 gestellt:
– Einzelnes Überwinden einer Geländestrecke (ca. 500 bis 1000 m) mit ca. 7 Geländehindernissen nicht über 0,90 m hoch, Hochweitsprünge bis zu 1,20 m weit in angemessenem Tempo (ca. 450 m/Min). Beurteilt werden Sitz und Einwirkung des Reiters, die harmonische Bewältigung der gestellten Aufgabe und der Gesamteindruck.

Der Bewerber muß in jeder der drei Teilprüfungen eine Mindestwertnote von **5,0** oder besser erreichen.

Das Deutsche Reiterabzeichen Klasse II
in Silber

Zugelassene Teilnehmer:
Alle Reiter; es gibt keine Altersgrenze für die Abzeichenprüfung. Voraussetzung für den Erwerb des Silbernen Reiterabzeichens (DRA II) ist der Besitz des Bronzenen Reiterabzeichens seit mindestens einem Jahr.
Die Sonderprüfung erstreckt sich auf folgende Teilprüfungen:

a) *Fertigkeit im dressurmäßigen Reiten:*
Vorreiten eines mindestens 5jährigen Pferdes, das den Anforderungen genügen muß, nach einer Aufgabe für eine Dressurprüfung der Klasse L (Aufgabe L2-L8) gemäß Aufgabenheft 1991.
Zäumung: Kandare mit Unterlegtrense.
Beurteilt werden Sitz und Einwirkung des Reiters/der Reiterin.

b) *Fertigkeit im Reiten über Hindernisse:*
Vorreiten eines mindestens 5jährigen Pferdes, das den Anforderungen genügen muß, über einen Parcours nach den Anforderungen »Stilspringen Klasse L mit Standardanforderungen«. Die »Standardparcours« (P1–P14) sind dem »Handbuch für Reit- und Fahrvereine – Merkblatt für Stilspringen mit Standardanforderungen« zu entnehmen. Die Abmessungen betragen zwischen 1,10 und 1,20 m in der Höhe und 1,30 bis 1,50 m in der Weite.
Besonders ausschlaggebend sind:
Sitz und Verhalten des Reiters/der Reiterin während des Springens, das nach den entsprechenden Bestimmungen der LPO beendet und mit einer Stilnote ohne Berücksichtigung von Abzügen für Vorkommnisse im Parcours von 6,5 und besser bewertet werden muß.

c) *Teilprüfung Theorie:*
– Ausrüstung, Zäumen und Satteln: Zusammensetzen und Verpassen von Trense und Kandare, Bandagieren eines Pferdes.
– Reitlehre: Eingehende Kenntnisse auf diesen Gebieten einschließlich der Lektionen Klasse L.
– Pferdehaltung und Umgang mit dem Pferd: Eingehende Kenntnisse auf diesen Gebieten.
(Auf die Richtlinien für Reiten und Fahren, Band I, II und IV wird verwiesen.)

Der Bewerber muß in allen Teilprüfungen mindestens die Wertnote **6,5** oder besser erreichen. Die Möglichkeit, das DRA II ohne Springen zu absolvieren, besteht nicht!

Das Deutsche Reiterabzeichen Klasse I in Gold

Das Deutsche Reiterabzeichen Klasse I wird an alle Junioren, Jungen Reiter und Senioren mit Turniererfolgen (Einzelerfolge) im In- und Ausland verliehen, an ausländische Reiter/Reiterinnen ausschließlich für Erfolge im FN-Bereich, sofern die folgenden Erfolge erzielt wurden:

a) *Verleihung auf Grund von Dressurerfolgen:*
Mindestens 10 Siege in Dressurprüfungen (mit Pirouetten) Kl. S – Wertnote 6,0 und besser. Je ein Sieg kann durch eine Plazierung – Wertnote 6,0 – im Grand Prix und Grand Prix Special ersetzt werden, soweit diese bundesoffen ohne nach oben eingeschränktes Pferdehandicap ausgeschrieben sind, oder

b) *Verleihung auf Grund von Springerfolgen:*
Mindestens 20 Plazierungen an 1. bis 3. Stelle in Springprüfungen Kl. S, darunter mindestens 10 Siege, oder

c) *Verleihung auf Grund von Vielseitigkeitserfolgen:*
Mindestens 1 Plazierung an 1. bis 3. Stelle bei einem CCIO oder 5 Plazierungen an 1. bis 3. Stelle in Großen Vielseitigkeitsprüfungen Kl. M oder S. Dabei ersetzt ein Sieg in Kl. S drei, in Kl. M zwei der geforderten Plazierungen, oder

d) *Verleihung auf Grund von gemischten Erfolgen:*
Mindestens 3 Siege in Dressurprüfungen Kl. M/Kat. A – Wertnote 6,5. Je ein Sieg kann durch eine Plazierung an 1. bis 3. Stelle in Dressurprüfungen Kl. S ersetzt werden, und 5 Plazierungen in Springprüfungen Kl. M/Kat. A an 1. bis 3. Stelle. Je 2 Plazierungen können durch eine Plazierung in Springprüfungen Kl. S an 1. bis 5. Stelle mit je höchstens 4 Strafpunkten ersetzt werden.

Die Erfolge sind formlos mit einem Antrag der Deutschen Reiterlichen Vereinigung nachzuweisen.

Es vergeht kein Tag, an dem jeder Reiter nicht noch etwas von seinem Reitlehrer und seinem Pferd hinzulernen könnte. Von der eigenen Veranlagung, dem Lerneifer, der Geduld, der Ausdauer und der Qualität des Lehrers wird es in erster Linie abhängen, ob die Ausbildung mit gutem oder nur mäßigem Erfolg endet.

In der Reitausbildung tritt aber noch ein zweiter Lehrer hinzu – *das Pferd*.

Für den Anfänger ist ein älteres und gut ausgebildetes Pferd von entscheidender Bedeutung. Es sollte im Temperament ruhig und zuverlässig sein. Nur von einem solchen Pferd kann der Anfänger lernen. Er wird schnell zu ihm Vertrauen finden, eine persönliche Beziehung zu ihm herstellen können. Es ist daher auch gut, wenn der Anfänger über eine längere Zeit das gleiche Pferd reitet. Später ist dann ein Wechsel von Vorteil, um dem Reiter Gelegenheit zu geben, sich auch an verschiedene Pferde zu gewöhnen. Mit dem Wechsel wächst das *Reitergefühl*, das den Reiter befähigt, sich in kurzer Zeit auf ein ihm bisher fremdes Pferd einzustellen. Jedes Pferd ist in seinen Bewegungen, seiner Geschmeidigkeit, seiner Gehfreudigkeit und seinem Temperament anders. Hieraus erklärt sich auch, daß sich nicht jeder Reiter mit jedem Pferd gleich gut abfinden kann. Die Harmonie zwischen Reiter und Pferd stellt sich manchmal sehr schnell, manchmal nur sehr zögernd und manchmal so gut wie gar nicht ein.

Dies schnell zu erkennen, ist eine wesentliche Aufgabe des *Reitlehrers*. Er sollte darum bemüht sein, seine Schüler auf zu ihnen passende Pferde zu setzen. Um so schneller wird der Fortschritt in der Ausbildung erkennbar werden. Daß der Reitlehrer über gründliche theoretische Kenntnisse und praktische Fähigkeiten verfügen muß, ist selbstverständlich. Die Erfahrung lehrt aber manchmal, daß nicht jeder gute Praktiker zugleich auch ein guter Lehrer ist.

So manche Reitausbildung hat schon nach der ersten oder zweiten Reitstunde für immer aufgehört. Und warum? Der Schüler ist mutlos, ja verzweifelt geworden, weil der Reitlehrer es versäumt hat, ihm Mut zu machen und ihm in seiner Hilflosigkeit zu helfen.

Insbesondere bei Anfängern bedarf es eines guten Einfühlungsvermögens seitens des Reitlehrers. Er muß seine Schüler individuell behandeln, weil jeder im

Charakter, im Temperament und in der Veranlagung anders ist.

Die Reitausbildung verlangt von jedem Schüler eine gewisse Härte, aber keineswegs nur Härte. Dem Reitlehrer muß es gelingen, diese Härte dadurch auszugleichen, daß er so oft wie möglich auch lobt. Gerade Lob im richtigen Maß und zur rechten Zeit fördert die Freude am Reiten – und auf sie kommt es an.

Die Sprache des Reitlehrers in der Reitstunde ist meistens laut, und sie muß es sein. Das soll nicht heißen, daß unentwegt gebrüllt werden muß. Keineswegs. Der Schüler ist aber anfänglich so ganz und gar mit seinem Pferde beschäftigt und bemüht, sich auf dem Pferde überhaupt zu halten, daß eine leise Sprache des Reitlehrers gar nicht zu ihm durchdringen würde.

Was der Reitlehrer sagt, muß klar und unmißverständlich sein. Gutes Zureden und, wenn nötig, wiederholtes praktisches Vormachen, werden zwischen Reitlehrer und Schüler sehr bald eine Atmosphäre des Vertrauens herstellen, die wichtig ist, um weitere Lernfortschritte zu erzielen.

Vom Reitlehrer muß weiter verlangt werden, daß er jeden seiner Schüler – es reiten normalerweise 6 bis 8 Schüler in einer Gruppe – gleich behandelt und jede Bevorzugung vermeidet. Sein Augenmerk sollte aber vermehrt den Schülern gelten, die auf Grund einer weniger guten Veranlagung den anderen Schülern gegenüber Schwächen zeigen.

Die Einzelausbildung wird seltener sein, weil sie gegenüber der Ausbildung in der Gruppe zu kostspielig ist. Der Gruppenausbildung ist ohnehin der Vorzug zu geben, weil sie das Gefühl für Kameradschaftlichkeit, Ordnung, Disziplin und Unterordnung fördert.

Wie oft soll ein Anfänger reiten?

Ideal ist es, *jeden* Tag aufs Pferd zu steigen. Das wird nicht in allen Fällen möglich sein, weil Schule oder Beruf es nicht zulassen. Aber es sollte am Anfang *regelmäßig* geritten werden; längere Unterbrechungen sind möglichst zu vermeiden. Es muß sonst damit gerechnet werden, daß sich der lästige Muskelkater immer wieder einstellt, der die ersten Minuten auf dem Pferd nicht gerade zum Vergnügen macht. Nur eine konsequente und regelmäßige Ausbildung führt zum Fortschritt.

Es wird Reitstunden geben, von denen der Schüler beglückt heimkommt, und er wird die nächste Stunde kaum erwarten können. Aber es wird auch Stunden geben, an deren Ende Mutlosigkeit, ja Verzweiflung stehen. Hier sollte der Schüler nicht versäumen, wenn irgendmöglich, ein Gespräch mit dem Reitlehrer zu suchen.

Wer ernsthaft reiten lernen will, muß, wie schon gesagt, *regelmäßig reiten*. Sonst bleibt sein Tun Stückwerk und bedeutet vergeudete Zeit.

Wie lange dauert die Reitausbildung?

Ein Reiter *lernt nie* aus, selbst wenn er es zu olympischen Erfahrungen gebracht hat. Dafür gibt es eine einleuchtende Erklärung. Kein Reiter wird sich zeitlebens nur mit einem einzigen Pferd beschäftigen, weil die Karriere eines Pferdes, das im Turniersport Verwendung findet und daher täglich intensiv gearbeitet werden muß, in einem Alter von etwa 15 Jahren beendet ist. So werden also mehrere Pferde durch die Hände eines Reiters gehen. Und jedes Pferd ist anders, in seinem Charakter, seinem Temperament, seiner Leistungsfähigkeit und seiner Veranlagung überhaupt. Es heißt also für den Reiter, sich auf jedes Pferd neu einzustellen, es zu begreifen, seine Eigenarten zu erkennen und daraus die richtigen Konsequenzen zu ziehen. Das ist ein echter und nie endender Lernprozeß, in dem nicht zuletzt der Reiz des Reitens liegt.

Um ein Pferd in allen Gangarten gekonnt zu beherrschen, ist eine Zeit von ein bis zwei Jahren erforderlich. Entscheidend ist hierbei auch eine gute Veranlagung zum Reiten. Im Vordergrund muß stets *das dressurmäßige Reiten* stehen. Dieses allein schafft die solide Grundlage für die anderen Arten des Reitsports, das Springen und das Geländereiten. Doch nicht genug damit. Hand in Hand mit der praktischen Arbeit auf dem Reitplatz oder in der Reitbahn geht *der theoretische Unterricht* einher. In ihm erlernt er zunächst die Reitersprache, die Kommandos, die Hufschlagfiguren, die Anatomie des Pferdes, die Gangarten, Pflege und Fütterung des Pferdes, die Pflege von Sattel- und Zaumzeug, die Stallhaltung, die Krankheiten des Pferdes und ihre Behandlung und noch vieles mehr.

Im Unterricht wird dem Schüler auch begreiflich, warum überhaupt eine so lange Zeit für die Ausbildung eines Pferdes aufgewendet wird. Es soll ein zuverlässiger und williger Helfer des Menschen sein, soll ihm freudig gehorsam sein. Um diese Aufgaben zu erfüllen, bedarf es einer planmäßigen gymnastischen Durchbildung und einer sorgfältigen und liebevollen Erziehung. Dieses nennt man dann *Dressur*. Eine solche Durchbildung in der Dressur hat noch zwei bedeutende Effekte: Das Pferd wird durch eine seinen Fähigkeiten entsprechende Dressur in seiner äußeren Erscheinung schöner und harmonischer, und seine Lebensdauer wird verlängert.

Jeder Reiter, der schließlich das Bestreben hat, sich im Turniersport zu betätigen, wird sich auf einen längeren Weg einstellen müssen. Dieser Weg führt nur durch intensives Training zum Ziel.

Und das erste Ziel auf diesem Weg sollte sein, das Deutsche Reiterabzeichen zu erwerben.

TEIL 2
Die Grundlagen
Das Voltigieren

Je früher ein Kind oder ein Jugendlicher den Weg zum Pferde findet, um so schneller wird aus ihm ein wirklicher Reiter werden. Und der erste Schritt auf diesem Wege ist zweifellos das Voltigieren. So mancher erinnert sich aus seiner Schulzeit an die erste Begegnung mit einem »Pferd«, das aus Holz bestand und mit Leder bezogen war. Da gab es eine große Zahl an Übungen, die den Körper kräftigten und auch Mut erforderten. Man kann dieses Turnen am hölzernen Pferd getrost als Vorläufer des heutigen Voltigierens bezeichnen.

Aber wieviel reizvoller ist heutzutage das Turnen an und auf einem lebendigen Pferd! Viele werden es nicht wissen: Schon im Jahre 1920 war das Voltigieren bei den Olympischen Spielen in Antwerpen als Wettkampf ausgeschrieben. Das hat sich zwar nicht wiederholt, aber auch bei den Olympischen Spielen 1972 in München haben fünf Voltigiergruppen der Spitzenklasse aus dem Bundesgebiet ihre großartigen Leistungen in einer Schaunummer, in den olympischen Farben gekleidet, unter Beweis gestellt und dafür großen Beifall geerntet.
Welchen Aufschwung das Voltigieren genommen hat und welche Bedeutung ihm zugemessen wird, geht daraus hervor, daß nach Deutschen Meisterschaften auch Weltmeisterschaften der Voltigierer durchgeführt werden. Bei den 1. Weltmeisterschaften 1990 des Reit- und Fahrsports in Stockholm waren die Voltigiergruppen und Einzelvoltigierer stark beachteter und besuchter Teil des Festivals. Besonders in der Schweiz, in Dänemark, Frankreich, Großbritannien, Israel und den USA ist der Leistungsstand des Voltigiersports hoch.

Immer mehr Vereine beschäftigen sich mit dem Voltigieren, um den Jugendlichen eine sinnvolle Freizeitgestaltung und den Kontakt mit dem Pferd zu ermöglichen. Nicht alle Voltigierer finden eine Möglichkeit, im

Was sind Sinn und Ziel des Voltigierens?

Für das **Kleine Voltigierabzeichen** – DVA IV – ist eine zweiteilige Prüfung mit praktischem Voltigieren und Teilprüfung Theorie vorgeschrieben. Für die praktische Prüfung sind die Pflichtübungen der D-Gruppen Grundlage, für die theoretische Prüfung Grundkenntnisse auf dem Gebiet des Umgangs mit dem Pferd, der Pferdehaltung und des Tierschutzes sowie auf dem Gebiet der Voltigierlehre.

Für das Abzeichen in **Bronze** – DVA III – werden im praktischen Teil die Pflichtübungen der C-Gruppen gefordert, der theoretische Prüfungsteil erfordert Kenntnisse in den vorgenannten Bereichen.

Für das Abzeichen in **Silber** – DVA II –, das nach frühestens einjährigem Besitz des Abzeichens in Bronze erworben werden kann, muß in den Pflichtübungen mindestens die Durchschnittsnote 7,0 erreicht werden, wobei keine einzelne Wertnote unter 5,0 liegen darf. Beim Abzeichen in Silber werden im theoretischen Teil eingehende Kenntnisse verlangt, die mit mindestens 7,0 bewertet sein müssen.

Seit 1990 gibt es auch ein Voltigierabzeichen in Gold, das mit 10 Ergebnissen in Einzelvoltigier-WB mit Gesamtwertnote 9,0 oder besser erhältlich ist.

Reitsport die Verbindung zum Pferd fortzusetzen, ihre Verbindung zum Pferdesport und die zum Pferd wird dennoch ein Leben lang anhalten.

Die Jugend kommt mit großen Erwartungen, aber auch einer gewissen Scheu zum Voltigieren.

Eine Vielzahl junger Menschen kann auf diesem Weg zum ersten Umgang mit dem Pferd gelangen und sich für den Reitsport begeistern.

Die Scheu vor dem Pferd, das ja für ein Kind ein Riese ist, schwindet schnell, es stellt sich das *Vertrauen* zum Pferd ein, das von Natur aus gutartig ist. Sehr bald lernt das Kind, das *Gleichgewicht* auf dem Pferderücken zu finden. Und das bedeutet schon einen guten Schritt vorwärts. Das Gleichgewicht ist die beste Grundlage für eine spätere reiterliche Ausbildung.

Etwa 15 Kinder können an einem Pferd beschäftigt werden, und ein Voltigierpferd reicht für 50 bis 60 Kinder für wöchentliche Übungen aus.

Die Übungen beginnen am ruhig stehenden Pferd, werden in der Bewegung im Schritt fortgesetzt und finden ihre volle Erfüllung auf dem galoppierenden Pferd. Der *ganze* Körper wird durchgearbeitet. Es wächst die Sicherheit und Gewandtheit. Und alles geschieht ohne Verkrampfung und spielerisch. Anfängliche Zaghaftigkeit verwandelt sich in Mut.

Ein Kind, das diesen Weg geht, bringt für eine dann folgende, reiterliche Ausbildung gute Voraussetzungen mit und wird schnellere Fortschritte machen. Aber auch die Kinder, die aus mancherlei Gründen den Reitsport später nicht betreiben können, haben durch das Voltigieren ein Verhältnis zum Pferd gefunden, das sie zeitlebens begleitet.

Voltigieren, für das ein Alter von 8 bis 18 Jahren günstig ist, ist ein Sport, der in der Gemeinschaft ausgeübt wird. Das Einzelvoltigieren, wettkampfmäßig ab 16 Jahren aufwärts ausgeübt, hat sich in den letzten Jahren stark verbreitet und bietet auch jungen Reitern und Senioren Betätigungen in dieser Sportart mit dem Pferd.

Die damit verbundenen Kosten sind geringfügig, denn in der warmen Jahreszeit genügen Sporthose und Sporthemd und in der kälteren Jahreszeit ein Trainingsanzug sowie Turnschuhe mit elastischen Sohlen. In den meisten Reitvereinen zahlen die Kinder nur einen ganz geringen Betrag. Für das Voltigieren ist ein eigenes Leistungsabzeichen geschaffen worden:

– das Kleine Voltigierabzeichen (DVA IV),
– das Deutsche Voltigierabzeichen in Bronze (DVA III),
– das Deutsche Voltigierabzeichen in Silber (DVA II),
– das Deutsche Voltigierabzeichen in Gold (DVA I).
Das Abzeichen kann in einer Sonderprüfung analog zu den Reiterabzeichenprüfungen von allen Altersgruppen erworben werden, eine Altersbegrenzung liegt nicht mehr vor.

Kürübung
»Handstand auf der Schulter«

Gymnastik auf dem Pferd

Eine gewisse erwartungsvolle Spannung liegt über allen Schülern, die noch nicht durch Voltigieren mit dem Pferd Bekanntschaft gemacht haben. Alles ist neu, noch fremd, insbesondere die Sprache des Reitlehrers, denn er spricht in der *Reitersprache*. Da gibt es eine Fülle von Ausdrücken, mit denen der Anfänger noch nichts anzufangen weiß.

Für Anfänger, die sich dem Voltigieren nicht widmen konnten, können Sitzübungen auf einem vom Reitlehrer *an der Longe* geführten Pferd eine wertvolle Vorbereitung auf die eigentliche Reitausbildung sein. Das Pferd bewegt sich dabei im Kreis um den Reitlehrer herum. Der Schüler kann sich ganz auf seinen Sitz konzentrieren und auf jede eigene Einwirkung auf das Pferd verzichten. Die Übungen beginnen im Schritt und werden im Trab und im Galopp fortgesetzt. Nach wenigen Stunden wird sich das Gefühl für das Gleichgewicht festigen. Der Schüler wird sich aus seiner anfänglichen Verkrampfung lösen und allmählich losgelassen sitzen. Auch Freiübungen verschiedenster Art fördern die Losgelassenheit und Sicherheit zu Pferde.

Und dann heißt es: Aufsitzen. Der große Augenblick, in dem der Schüler zum ersten Mal auf einem Pferd sitzt, ist gekommen. Das sichere Gefühl, mit beiden Beinen auf der Erde zu stehen, ist dahin, aber gewiß nur bis zu dem Tag, an dem die Sicherheit auch auf dem Rücken eines Pferdes erreicht ist.

Gleich geht es weiter. Es werden Freiübungen gemacht: Armkreisen vorwärts und rückwärts, Drehen des Kopfes und des Rumpfes nach rechts und links, Vorwärts- und Rückwärtsbeugen des Rumpfes und viele andere mehr. Zweck dieser Übungen ist es, das Gleichgewicht zu bewahren und völlig entspannt auf dem Pferd zu sitzen. Der Blick soll immer nach vorwärts gerichtet sein und nicht ängstlich auf dem Hals oder Kopf des Pferdes ruhen. Der Schüler soll bemerken, was um ihn herum vorgeht, genau so, wie wenn er einen Spaziergang machen würde.

Dann kommt das Kommando des Reitlehrers: Im Schritt anreiten! Die Lehrpferde kennen das Kommando und werden sich in Bewegung setzen. Mit einem leichten Anlegen der Schenkel an den Pferdeleib kann der Anfänger hier schon aktiv einwirken. Die Pferde gehen dann dicht hintereinander (so haben sie es gelernt!). In der Reitersprache heißt das: Kopf an Schweif.

Dem Schüler vermittelt der *Schritt* das Gefühl für die erste der drei Gangarten. Um die anfängliche Unsicherheit schnell zu überwinden, kann er in die Mähne greifen. Ebenso kann er vorn in den Sattel greifen. Wie im Halten, werden nun auch Freiübungen gemacht, die ebenfalls der Wahrung und Verbesserung des Gleichgewichts und der Entspannung dienen. Alles soll zwanglos und unbeschwert sein, denn nur dann ist ein geschmeidiges Mitgehen mit den Bewegungen des Pferdes möglich. Am Ende der ersten Reitstunde wird der Reitlehrer seinen Schülern auch schon einen *Trab* zumuten können, die zweite Gangart des Pferdes. Auch hier empfehlen sich nach einer gewissen Gewöhnung Freiübungen. Gerade in dieser Gangart kommt es auf Geschmeidigkeit des Reiters an, um dem Auf- und Abschwingen des Pferderückens folgen zu können.

Der Anfänger mag es als eine Erschwerung empfinden, sogleich mit Steigbügeln reiten zu müssen. Eine lange Erfahrung lehrt aber, daß die Steigbügel ihm das Gefühl eines Haltes vermitteln und damit das Gefühl der Sicherheit erhöhen. Für die erste Zeit der Ausbildung ist ein Reitanzug, wie er für die Teilnahme an Turnieren vorgeschrieben ist, nicht erforderlich. Wichtig ist aber, daß die Hose – es kann auch eine lange Hose sein – bequem ist und in der Sitzfläche keine Falten schlägt. Sie darf im Knie nicht spannen. Reitstiefel sollen einen weichen und genügend langen Schaft haben. Zu kurze Schäfte haken leicht am unteren Rand der Sattelblätter und stören den Reiter in seinem Sitz.

In den folgenden Reitstunden wird sich der Reitlehrer darauf beschränken, seinen Schülern das Gefühl für Schritt und Trab zu vermitteln. Mit jeder Stunde werden Vertrauen zum Pferd und Sicherheit im Sitz wachsen und jede Spannung verschwinden. Nach angemessener Zeit lernen die Schüler dann den *Galopp* kennen, die dritte und schönste, zugleich für den Reiter neben dem Schritt bequemste Gangart. Auch hier tragen dann Freiübungen dazu bei, dem Schüler jede Verkrampfung zu nehmen, sich den wiegenden Bewegungen des Pferdes anzupassen.

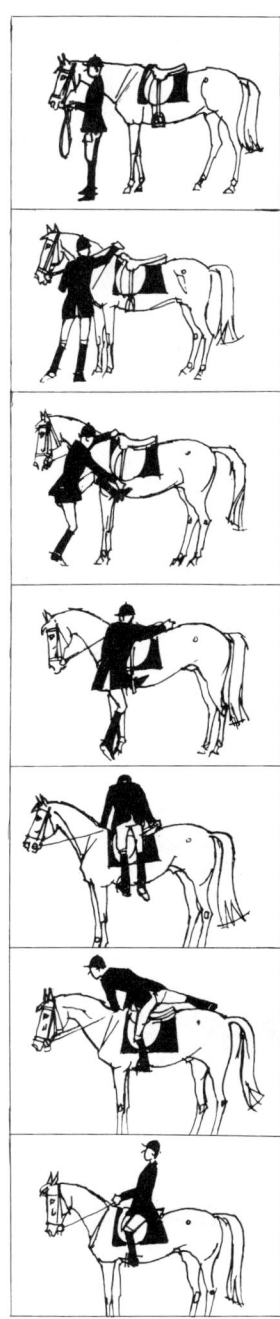

Richtiges Aufsitzen

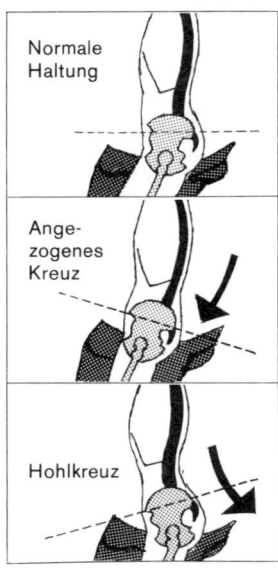

Normale Haltung

Angezogenes Kreuz

Hohlkreuz

Aufsitzen

erfolgt immer von der *linken* Seite des Pferdes. Die an ihren Enden zusammengeschnallten oder zusammengenähten Zügel der Trense liegen auf dem Pferdehals. Der Reiter steht zunächst links neben seinem Pferd. Zum Aufsitzen macht er eine Rechtsdrehung von 180 Grad, so daß seine linke Schulter jetzt zum Pferd zeigt. Die linke Hand ergreift beide Zügel über dem Mähnenkamm, und zwar in der Weise, daß der linke Zügel zwischen dem kleinen Finger und dem Ringfinger und der rechte Zügel in der vollen Hand liegt. Beide Zügel sollen Verbindung mit dem Pferdemaul haben, der rechte ein wenig mehr als der linke.

Die linke Hand greift fest in die Mähne. Der linke Fuß wird bis über den Fußballen hinaus in den Bügel gesteckt und das linke Knie an den Sattel gelegt. Hierbei soll die Fußspitze den Pferdeleib nicht berühren. Dann federt sich der Reiter mit dem rechten Fuß vom Erdboden ab und ergreift mit der rechten Hand den Sattelrand. Er schwingt das rechte Bein über die Kruppe des Pferdes und läßt sich mit Hilfe einer kurzen Abstützung auf dem Vorderzwiesel *weich in den Sattel gleiten*. Der rechte Fuß wird in den Bügel gesetzt, die Zügel werden geordnet.

Die Einwirkung mit dem Kreuz des Reiters

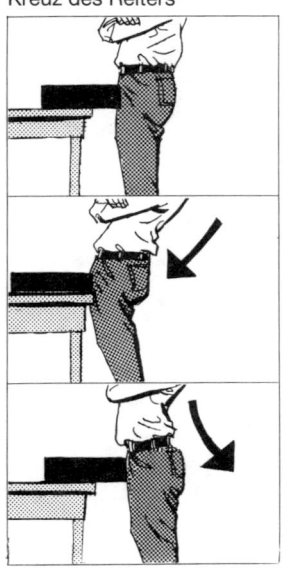

Absitzen

Der Reiter nimmt beide Zügel in die linke Hand, die Zügel stehen an. Die linke Hand stützt sich auf die Mähne des Pferdes, die rechte Hand auf den Vorderzwiesel. Er läßt den rechten Bügel los und verlagert das Gewicht auf den linken Bügel. Er hebt sich aus dem Sattel, schwingt das rechte Bein über die Kruppe und läßt sich unter einer Körperdrehung von 180 Grad federnd auf das rechte Bein nieder, wobei das linke Knie im Sattel liegen bleibt. Der linke Fuß wird aus dem Sattel genommen. Nach einer Linkswendung steht der Reiter korrekt neben seinem Pferd. Ist das Pferd auf *Kandare* gezäumt, so nimmt der Reiter alle vier Zügel in die linke Hand. Die Trensenzügel haben Verbindung mit dem Pferdemaul, der rechte etwas mehr als der linke. Danach vollzieht sich das Aufsitzen wie bei Zäumung auf Trense und sinngemäß das Absitzen.

Das Pferd soll so erzogen sein, daß es beim Aufsitzen und Absitzen des Reiters völlig ruhig steht und sich erst in Bewegung setzt, wenn der Reiter die entsprechenden Hilfen gibt.

Die grundlegenden Zäumungsarten eines Pferdes sind die Zäumung auf *Trense* und die Zäumung auf Kandare. Junge Pferde werden immer auf Trense geritten. Frühestens nach einer einjährigen Ausbildung beginnt die Gewöhnung an die Kandare und die Arbeit auf Kandare.

Beim *Reiten auf Trense* werden die unverdrehten und gleich langen Zügel zwischen dem kleinen und dem Ringfinger so ergriffen, daß die glatte Lederseite nach außen zeigt. Es ist heute die Regel, daß die Trensenzügel an ihrem Ende zusammengeschnallt oder zusammengenäht sind. Herunterhängend, bilden die Zügelenden also eine Schlaufe. Diese hängt unter dem rechten Zügel herab.

Richtig!
Fäuste aufrecht

Besonders wichtig: Die Fäuste sind geschlossen. Die ein wenig gekrümmten Daumen drücken die Zügel auf die Zeigefinger. Hierdurch liegen die Zügel in der gewünschten Länge in der Hand des Reiters. Eine »offene Hand« des Reiters hat zur Folge, daß sich das Zügelmaß häufig ändert. Der Reiter ist gezwungen, ständig das Zügelmaß zu korrigieren. Man nennt es »Nachfassen«. Hierdurch entsteht Unruhe, die die ständige und feine Verbindung zwischen Reiterhand und Pferdemaul beeinträchtigt.

Falsch!
Fäuste verdeckt

Beim *Reiten auf Kandare* war es früher üblich, nach der Methode 3 zu 1 zu reiten. Die linke Hand führte den linken Trensenzügel und beide Kandarenzügel. Die rechte Hand führte den rechten Trensenzügel. Von dieser Methode ist man seit einigen Jahren nahezu vollständig abgekommen. Man reitet heute mit *geteilten Zügeln.* Hierbei führt jede Hand je einen Trensen- und Kandarenzügel.

Der Trensenzügel verläuft unverdreht unter dem kleinen Finger, der Kandarenzügel unverdreht zwischen dem kleinen und dem Ringfinger. Beide Zügel liegen in der geschlossenen Faust glatt übereinander und treten über die Mitte des Zeigefingers aus der Hand heraus. Die leicht gekrümmten Daumen drücken auf die Zeigefinger. Die Enden aller vier Zügel – sie sind beim Reiten auf Kandare immer zusammengeschnallt oder zusammengenäht – hängen rechts vom Widerrist des Pferdes, und zwar innerhalb des rechten Zügelpaares herab.

Falsch!
Handgelenke nach
außen verdreht

Beim Reiten auf Kandare muß die *Trense immer vorherrschen!* Ein Reiter, der überwiegend von der Kandare Gebrauch macht, wird sein Pferd sehr bald im Maul

Falsch!
Fäuste weit auseinander und verdreht

unempfindlich machen. Das Pferd wird dann auf Zügelhilfen kaum noch reagieren. Es bekommt, wie man in der Reitersprache sagt, ein »totes Maul«. Es kaut nicht.

Während die Trense – sie hat ein gebrochenes Gebiß von etwa 1,5 cm Durchmesser am äußeren Ende – verhältnismäßig weich auf das Pferdemaul einwirkt, wirkt die Kandarenzäumung wesentlich stärker ein. Die Trense – sie heißt hier Unterlegtrense – ist dabei dünner als die normale Trense und hat dadurch schon eine etwas stärkere Wirkung. Die Kandare hat ein ungebrochenes Gebiß, man nennt es Stangengebiß. In seiner Mitte befindet sich die sogenannte »Zungenfreiheit«, eine Ausbuchtung, die dem Pferd die Bewegung der Zunge ermöglichen soll. Die Kandare soll möglichst so im Pferdemaul liegen, daß bei feinem Annehmen der Zügel zwischen Maulspalte des Pferdes und unterem Ende der Kandare ein Winkel von 45 Grad gebildet wird. Die richtig eingelegte Kinnkette sorgt für die richtig anstehende Kandare. Die Kandare hat also eine Hebelwirkung, die um so stärker ist, je mehr der Reiter den Kandarenzügel annimmt.

Es bedarf einer besonders sorgfältigen und längeren Ausbildung, bis der Reiter den richtigen Gebrauch der Kandare erlernt hat. Die Kandare verführt leicht dazu, von den Zügelhilfen zuviel Gebrauch zu machen und dabei die treibenden Hilfen zu vernachlässigen.

Korrekte Handhaltung mit Gerte

Sporen gehören zum Reitanzug, sind aber keine Dekoration. Ein Reiter trägt sie nur, solange er zu Pferde sitzt.

Sitz der Sporen:

falsch   richtig

Der Anfänger reitet zunächst ohne Sporen, und zwar so lange, bis er gelernt hat, zwanglos, ohne Festklemmen mit den Unterschenkeln, zu Pferde zu sitzen. Später wird er die Sporen anlegen können. Sie sind ein *Hilfsmittel* und sollen ihn bei den treibenden Hilfen mit den Schenkeln unterstützen. Dabei ist ein *sparsamer* Gebrauch der Sporen wichtig. Ein häufiger oder gar ständiger Einsatz der Sporen stumpft ein Pferd schnell ab.

Wie ein Reiter sich erst allmählich an den richtigen Gebrauch der Sporen gewöhnt, muß auch ein Pferd mit Vorsicht mit dem Sporn vertraut gemacht werden. Der Sporn soll in erster Linie anregend und aufmunternd auf das Pferd wirken. Das Strafen mit dem Sporn sollte möglichst vermieden werden.

Die *Reitgerte* ist ebenfalls ein *Hilfsmittel*, das zur Verstärkung der treibenden Schenkelhilfen eingesetzt wird. Sie wird, wenn erforderlich, hinter dem Schenkel eingesetzt. Oft genügt schon ein leichtes Anlegen an den Pferdeleib. Ein zu häufiger Gebrauch der Reitgerte ist zu vermeiden, weil das Pferd leicht abstumpft und der Reiter vergißt, sich in erster Linie seiner Schenkel als treibende Hilfe zu bedienen. Die Reitgerte soll beim Dressurreiten etwa 1 m, beim Springen nicht länger als 75 cm lang sein und nur wenig nach oben aus der Zügelfaust herausragen. Sie wird grundsätzlich von der Zügelfaust getragen, die dem Innern der Reitbahn oder des Reitplatzes zugewandt ist. Bei einem Handwechsel wechselt auch die Reitgerte in die andere Hand über. Das Wechseln der Reitgerte soll stets so erfolgen, daß das Pferd hierbei nicht gestört wird, d.h. daß die Verbindung zwischen Reiterhand und Pferdemaul nicht unterbrochen wird.

Der richtige Gebrauch der Reitgerte nützt dem Reiter, der falsche Gebrauch stellt die Ausbildung von Reiter und Pferd in Frage. Gerade junge Pferde müssen behutsam an das Mitführen der Reitgerte gewöhnt werden. Durch leichtes Anlegen an allen Körperteilen und Vorbeiführen der Reitgerte beiderseits von Hals und Kopf, anfangs im Halten, danach in der Bewegung, wird das junge Pferd schnell jede Scheu vor der Reitgerte verlieren.

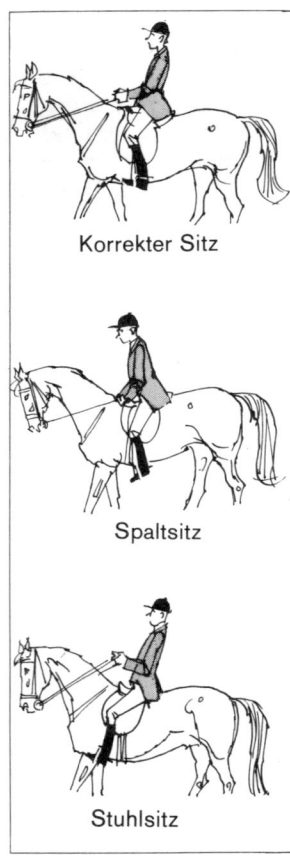

Korrekter Sitz

Spaltsitz

Stuhlsitz

Lange Beine und ein kurzer Oberkörper des Reiters begünstigen den Sitz. Grundlage des Sitzes sind die beiden Gesäßknochen und der Spalt. Das Gesäß ruht mit losgelassenen Muskeln auf dem tiefsten Punkt des Sattels. Der Spalt soll weit geöffnet sein, damit die Berührungsfläche zwischen dem Körper des Reiters und dem Pferderücken möglichst groß wird. Der Reiter soll richtig am Pferd »kleben«.

Die Oberschenkel liegen *flach* an, um auch möglichst viel Berührungsfläche am Pferdeleib zu finden. Hier treten anfänglich Schwierigkeiten auf, die z.B. durch häufig zu übende Drehungen aus der Hüfte heraus behoben werden können (siehe Gymnastik Seite 26). Ein flacher Oberschenkel bewirkt zugleich ein *flaches* Knie, das möglichst tief und fest anliegen soll. Ein solches Knie ist eine wesentliche Voraussetzung für einen korrekten Sitz. Die Unterschenkel sind je nach ihrer Länge schräg rückwärts und *flach* am Pferdeleib angelegt. Die Fußspitzen zeigen leicht nach außen.

Der Oberkörper ist senkrecht aufgerichtet, die Schulterblätter sind leicht und ohne Anspannung zusammengenommen. Der Kopf des Reiters wird aufrecht getragen, der Blick ist über den Pferdekopf nach vorwärts gerichtet.

Die Oberarme hängen zwanglos herab, das Gelenk zwischen Ober- und Unterarm (Ellenbogen) liegt leicht an der Hüfte an. Die Winkelung zwischen Ober- und Unterarm soll so bemessen sein, daß Unterarm und Zügel nahezu eine gerade Linie bilden.

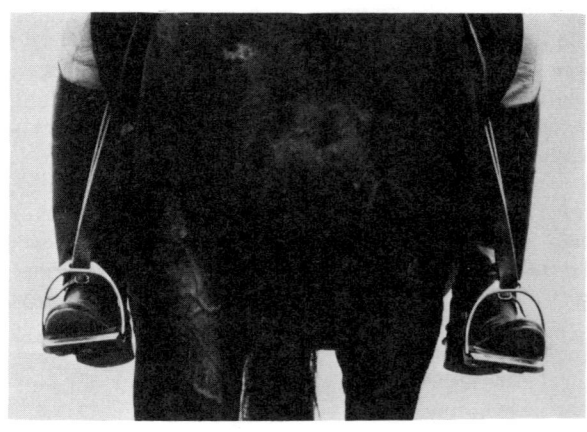

Korrekte Unterschenkellage

Die Fäuste werden fast senkrecht getragen, wobei die kleinen Finger ein wenig mehr zueinanderstehen. Sie stehen beiderseits des Widerrists und etwa eine Handbreit über diesem. *Die Reiterfaust ist immer geschlossen!* Annehmen und Nachgeben der Zügel erfolgt ausschließlich aus einer Einwärtsdrehung des Handgelenks.

Schulter, Hüfte und Absatz bilden eine Senkrechte. Die Bügel sollen so verschnallt sein, daß der Reiter sie mühelos mit dem Fußballen aufnehmen und halten kann, bei federndem Fußgelenk. Der Absatz, leicht heruntergedrückt, bildet den tiefsten Punkt des Reiters.

Richtig aufgenommene Steigbügel

Mängel im Sitz, die die Einwirkung des Reiters beeinträchtigen und das äußere Bild stören:
- Schiefgehaltener oder nach vorn gesenkter Kopf
- Hochgezogene Schultern
- Krummer Rücken oder hohles Kreuz
- Einknicken in der Hüfte
- Hohes Knie (Stuhlsitz)
- Gestrecktes Knie (Spaltsitz)
- Offenes Knie. Man kann zwischen Sattel und Knie hindurchsehen. Der Reiter hat dadurch einen unruhigen Sitz, der die Einwirkung wesentlich beeinträchtigt.
- Deutlich nach außen zeigendes Fußgelenk
- Hochgezogener Absatz
- Zu hohe und verdrehte Fäuste
- Offene Fäuste

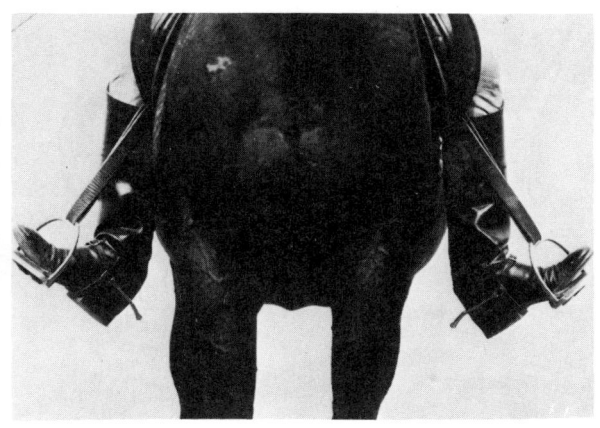

Abgespreizte Unterschenkel und Fußspitzen, offene Knie

Die Kraft, die ein Pferd für die Überwindung eines Sprunges braucht, kommt aus der Hinterhand und aus dem Rücken. Der Reiter muß daher beide im Sprung entlasten. Dies geschieht dadurch, daß er im »leichten Sitz« reitet. Beim Anreiten eines Sprunges hat das Gesäß des Reiters nur noch eine leichtere Verbindung mit dem Sattel, d.h. der Reiter verlegt sein Gewicht mehr nach vorn und entlastet dadurch die Hinterhand. Die Einwirkung des Kreuzes bleibt erhalten. Der Oberkörper ist leicht vorgebeugt. Im Sprung selbst löst sich das Gesäß ganz vom Sattel und gestattet dem Pferd dadurch das Aufwölben des Rückens.

Die Knie des Reiters liegen fest an, bei flachen Oberschenkeln. Oberschenkel und Knie sind der Haltepunkt im Sprung. Die Bügel sind nach individuellen Verhältnissen 3–5 Löcher kürzer geschnallt. Dadurch liegt das Knie höher als im Dressursitz. Die Unterschenkel zeigen etwas nach schräg-rückwärts und liegen am Pferdeleib an, mit ihrem unteren Teil dicht hinter dem Sattelgurt. Der Fuß wird dabei so weit durch den Bügel gesteckt, daß er in ihm eine sichere Stütze findet. Dabei muß eine festere Lage des Unterschenkels gewährleistet sein.

Die geschlossenen Fäuste gehen im Sprung in Richtung auf das Pferdemaul vor, um dem Pferd die volle Drehung in Hals und Kopf nach vorwärts zu ermöglichen. Dabei bleibt die Verbindung zwischen Reiterhand und Pferdemaul, die Anlehnung, erhalten. Die ständige Anlehnung ist deshalb besonders wichtig, weil sie dem Reiter ermöglicht, mit seinem Pferd den

1 Richtige Schenkellage beim Dressurreiten
2 Richtige Schenkellage mit verkürztem Bügel beim Springreiten

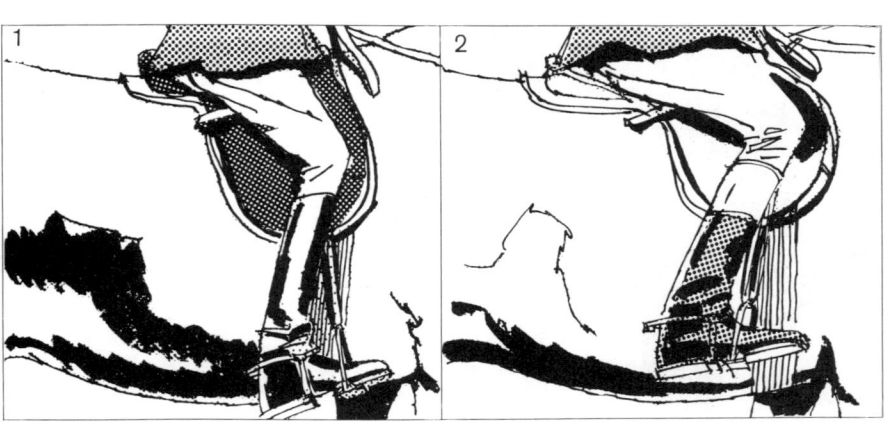

Korrekter Sitz

Falsch: Reiter nicht genügend vom Sattel gelöst, zu hohe Hände

Falsch: Der Reiter steht auf, Unterschenkel zu weit zurück

Falsch: Reiter löst sich nicht vom Sattel, bleibt hinter der Bewegung zurück, Unterschenkel falsch vorgestreckt – Pferd springt ohne Rücken

Falsch: Der Reiter beugt sich zu weit seitwärts am Pferdehals, Unterschenkel viel zu weit zurück – Pferd wird im Gleichgewicht gestört

Falsch: Reiter löst sich nicht vom Sattel, Arme abgespreizt

nächsten Sprung ohne Mühe anzureiten oder auch
sein Pferd am Fallen – das Pferd verliert nach dem
Sprung die Beine, wie es in der Reitersprache heißt –
zu hindern.

Im Gelände gelten beim Überwinden von Hindernissen die gleichen Grundsätze wie im Parcours. Für das
Galoppieren im leichten Sitz sind der tiefe Absatz und
das tiefe Knie von besonderer Wichtigkeit ebenso wie
tiefe ruhige Hände, die am besten beiderseits des
Widerrists angelegt werden. Das Pferd soll bei wei-
cher, aber bestimmter Anlehnung in den Zügel hinein-
galoppieren. Die treibende Einwirkung im leichten
Sitz beim Galoppieren kommt durch die fest am Pferdekörper anliegende Wade. Ein Verrutschen des
Unterschenkels kann die treibende Einwirkung und
den Fluß der Bewegung in Frage stellen. Der Oberkörper des Reiters bleibt vor der Senkrechten, das Gesäß
ist ein wenig angehoben, so daß es nicht mehr »im Sattel«, sondern »am Sattel« ist. Der Druck der Gesäßknochen auf den Pferderücken wird damit ausgeschaltet.
Der Einsatz der Gewichtshilfe durch »Einsitzen« kann
vorübergehend notwendig und sinnvoll sein.
Beim Hinaufreiten auf einen Hang – man nennt es Klettern bergauf – ist das Gesäß vom Sattel gelöst, der
Oberkörper deutlich nach vorn geneigt, um die Hin-

Klettern bergauf im Schritt –
steiler Hang

terhand des Pferdes zu entlasten. Oberschenkel, Knie
und Unterschenkel liegen am Pferdeleib an, um zu
gewährleisten, daß das Pferd *senkrecht zum Hang* klettert. Die Zügel stehen leicht an. Der Pferdehals ist
gedehnt. Ein schräges Klettern im steilen Gelände
kann leicht zum Sturz von Pferd und Reiter führen.
Flache Hänge können im Schritt, Trab und im Galopp
überwunden werden. Bei steilen Hängen wird grundsätzlich im Schritt geklettert, weil das Klettern einen
besonderen Kraftaufwand des Pferdes erfordert.
Beim Hinunterklettern von einem Hang – man nennt
es Klettern bergab – bleibt das Gesäß im Sattel, der
Oberkörper ist nur ganz leicht nach vorn geneigt, um
die Vorhand nicht zu belasten und dadurch ihren
freien Vortritt nicht zu behindern. Oberschenkel, Knie
und Unterschenkel liegen am Pferdeleib an, um zu
sichern, daß das Pferd *senkrecht zum Hang* bergab

klettert. Ein Ausweichen nach rechts oder links könnte auch hier zum Sturz führen. Die Zügel stehen sicher
an, der Pferdehals ist gedehnt.
Flache Hänge können im Schritt, Trab und im Galopp
überwunden werden, steile Hänge werden grundsätzlich im Schritt überwunden, weil sich das Pferd beim
Galoppieren möglicherweise überschlagen könnte.

Grundlage für das Geländereiten ist und bleibt die Dressur, durch die das Pferd zum Gehorsam erzogen wird. Und wirkliche Freude im Gelände kann nur ein gehorsames Pferd vermitteln.

Im Gelände sollte der Reiter immer auf die Bodenbeschaffenheit achten und danach die Gangart einrich-

Klettern bergab im Schritt

ten. Auf steinigen oder holperigen Wegen wird Schritt geritten, in der Ebene kann getrabt und galoppiert werden, im Trab wird grundsätzlich nur leicht getrabt. Wasserläufe und kleinere Wasseransammlungen werden im Schritt überwunden. Ein weiterer Grundsatz lautet: trocken aus dem Stall und trocken in den Stall! Das bedeutet, daß der Reiter eine angemessene Wegstrecke vor Erreichen des Stalles im Schritt reitet, um das Pferd mit trockenem Haar und bei ruhiger Atmung in den Stall führen zu können.

Klettern bergauf im Schritt –
mäßig steiler Hang

Die reiterliche Einwirkung auf das Pferd erfolgt durch die *Hilfen* des Reiters. *Treibende Hilfen* werden mit Gewicht und Schenkeln, *verhaltende Hilfen* mit den Händen bewirkt, wobei stets die treibenden Hilfen überwiegen. Schenkelhilfen können auch *verwahrend* sein. Das sinnvolle Zusammenwirken aller Hilfen wird Harmonie der Hilfengebung genannt. Ist diese Harmonie erreicht, so zeigt das Pferd die in der Dressur erwünschte Haltung, den richtigen Rahmen, in dem das Pferd zur Beherrschung und zu höchster Kraftentfaltung geführt werden kann.

Gewichtshilfen
Wie schon der Name sagt, wirkt hier der Reiter mit seinem Körpergewicht auf den Pferderücken, die Brücke zwischen Hinterhand und Vorhand, ein. Er schiebt mit dem Gewicht das Pferd gewissermaßen vorwärts, wobei die Schenkel unterstützend wirken. Wichtig ist hierbei, den eigenen Schwerpunkt mit dem des Pferdes in Übereinstimmung zu halten, um dem Pferd zu ermöglichen, im Gleichgewicht zu bleiben. Eine entscheidende Einwirkung ist das sogenannte »Anziehen des Kreuzes«, das durch die unteren Wirbel der Wirbelsäule ausgeübt wird, d.h. das Kreuz wird vorgeschoben. Dadurch verstärkt sich der Druck der Gesäßknochen auf den Pferderücken und wirkt treibend. Anfänglich wird das Anziehen des Kreuzes durch leichtes Zurücknehmen des Oberkörpers sichtbar sein. Später, nach immerwährender Übung, soll diese Einwirkung unsichtbar sein, auch bei Gewichtsverlagerungen. Beim Reiten von Wendungen soll sich das Gewicht mehr auf den inneren Gesäßknochen verlagern, ohne daß der Reiter dabei in der Hüfte einknickt.

Schenkelhilfen
Die Schenkel, flach am Pferdeleib liegend, wirken auf die gleichseitigen Hinterbeine des Pferdes, je nach Lage der Unterschenkel, treibend oder verwahrend ein.
Die treibenden Schenkel liegen *am* Sattelgurt, das heißt, daß der vordere Rand des Stiefelschaftes mit dem hinteren Rand des Sattelgurtes abschneidet. Die treibende Wirkung wird durch die jeweils erforderliche Verstärkung des Schenkeldrucks erzielt, entweder beidseitig oder einseitig.
Die verwahrenden Schenkel liegen etwas *hinter* dem Sattelgurt. Sie sollen das Pferd daran hindern, von

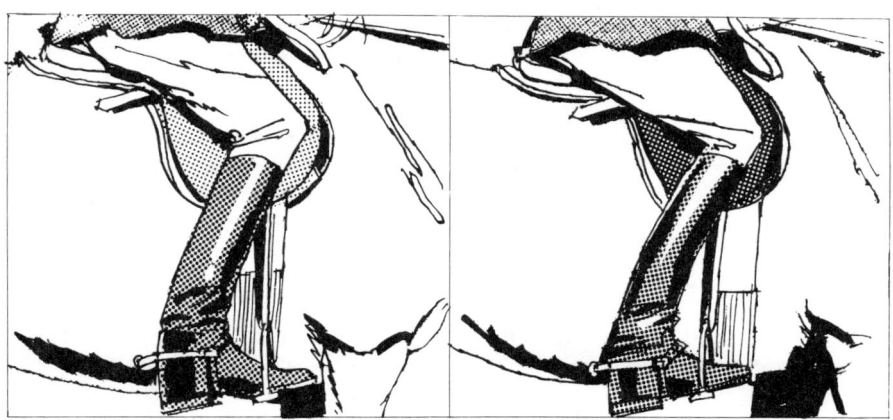

Treibender Schenkel am Gurt

Verwahrender oder seitwärtstreibender
Schenkel hinter dem Gurt

einer geraden Linie abzuweichen, insbesondere auch
beim Rückwärtsrichten, bei Vorhand- und Hinter-
handwendungen.

Ebenso *hinter* dem Sattelgurt liegt der *seitwärts treibende Schenkel*. Hier handelt es sich also um die Einwirkung nur *eines* Schenkels, der eine Seitwärtsbewe-
gung des Pferdes bewirken soll. Der andere Schenkel,
am Sattelgurt liegend, reguliert die Vorwärtsbewegung.

Der Einsatz der Schenkelhilfen des Reiters sollte sich
möglichst auf das geringst erforderliche Maß
beschränken. Mit anderen Worten – ein Pferd sollte so
ausgebildet und erzogen sein, daß es schon auf eine
geringfügige Änderung des Schenkeldrucks reagiert.
Man sagt dann: das Pferd ist fein abgestimmt. Durch
einen ständig drückenden oder gar pressenden
Schenkel wird das Pferd abgestumpft und reagiert
schließlich kaum noch. Außerdem ist kein Reiter körperlich in der Lage, ein Pferd für längere Zeit unter
vollem Einsatz seiner Schenkelmuskulatur zu arbeiten, denn er ermüdet sehr bald und ist dann nicht
mehr in der Lage, sein Pferd sachgemäß zu reiten.
Auch ein klopfender Schenkel wirkt störend.

Je nach den Anforderungen soll der Einsatz der Schenkelhilfen so erfolgen, daß der Reiter sich der Bewegung des Pferdes anpassen kann, immer in dem
Bestreben, bequem und ohne große Kraftanstrengun-
gen zu reiten. Es können Situationen eintreten, die

Klopfender Schenkel

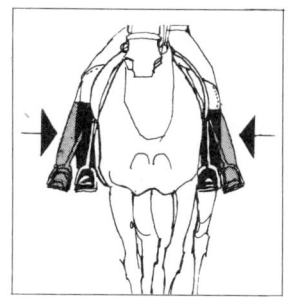

vom Reiter den höchsten Krafteinsatz erfordern; hierfür muß er Reserven haben. Doch er wird sie nicht haben, wenn er *ständig* bis zur Höchstgrenze seiner eigenen Leistungsfähigkeit geht.

Von Otto Lörke, einem der bedeutendsten deutschen Reitmeister, der die Pferde Kronos, Absinth, Afrika, Adular und Chronist, die unter deutschen Reitern olympische Medaillen errangen, ausgebildet hat, stammt das Wort: *Man muß mit dem Sporn Pferdehaar fühlen!*

Mit diesem Wort erklärt sich die Tatsache, daß von Otto Lörke ausgebildete Pferde – er selbst brachte mehr als 200 Pfund in den Sattel – auch von körperlich wesentlich schwächeren Reitern voll beherrscht werden konnten. Diese Pferde waren fein abgestimmt, d.h. sie reagierten auf den leisesten Schenkeldruck.

Zügelhilfen   Die Zügel rahmen den Hals des Pferdes ein, wobei die Fäuste des Reiters rechts und links vom Widerrist des Pferdes stehen sollen, etwa eine Handbreit über dem Widerrist. Dies ist die grundsätzliche Stellung der Zügelfäuste. Hiervon kann *vorübergehend* abgewichen werden, wenn das Pferd hinter oder über den Zügel zu kommen droht. Kommt das Pferd hinter den Zügel, so werden die Fäuste etwas tiefer, kommt das Pferd über den Zügel, so werden die Fäuste etwas höher gestellt. Falsch ist es z.B. auch, die rechte Zügelfaust nach links über den Widerrist zu führen oder umgekehrt. Und falsch ist es ebenfalls, eine oder beide Zügelfäuste sichtbar nach außen zu führen, so daß die Zügel am Pferdehals nicht mehr anliegen. Hierdurch entsteht ein fehlerhaftes *Ziehen* am Zügel, das eine richtige Führung des Pferdes nicht mehr ermöglicht. Zügel und Gebiß der Zäumung übermitteln die Einwirkungen der Fäuste. Sie entstehen durch An- und Abspannen aus dem Handgelenk, bei geschlossenen Fäusten. Die Zügelhilfen wirken vornehmlich verhaltend, beim Stellen und Biegen und immer in Verbindung mit treibenden Hilfen durch Gewicht und Schenkel.

Ist ein Pferd gymnastisch ganz durchgearbeitet, d.h. sind Gelenke und Muskulatur geschmeidig und ist das Pferd im Genick und in den Ganaschen nachgiebig, so wird es sich mit herangehaltener Hinterhand, einem natürlich gebogenen Hals und mit der Stirnlinie an der Senkrechten oder ein wenig davor präsentieren. Das Pferd *steht dann am Zügel*. Die Verbindung zwischen

Reiterhand und Pferdemaul ist also fein und beständig. Damit ist auch die wesentlichste Voraussetzung für das Dressurreiten erfüllt.

Kommt das Pferd mit der Stirnlinie hinter die Senkrechte – das Pferdemaul bewegt sich nach rückwärts in Richtung auf die Brust – so ist das *Pferd hinter dem Zügel*, ein schwerwiegender Mangel. Ursache dafür ist, daß der Reiter zu stark mit den Händen einwirkt und nicht genügend treibt. Er hält sich nämlich am Zügel fest. Ebenso ist es möglich, daß das Pferd von sich aus die Verbindung zwischen seinem Maul und der Reiterhand, die es immer suchen soll, aufgibt. Vermehrtes Treiben und vorübergehend etwas tiefer gestellte Hände, die nicht ziehen, können das Pferd veranlassen, sich wieder aufzurichten.

Ein Pferd, das sich dem Nachgeben durch Festhalten im Genick und Versteifung der Halsmuskulatur und gleichzeitigem Vorwärts-Aufwärts-Streben von Kopf und Hals entzieht, *geht über dem Zügel*, ebenfalls ein schwerwiegender Mangel. Vermehrtes Treiben und vorübergehend etwas höher gestellte Hände, die das Pferd einige Male leicht rechts und links stellen, können das Pferd dazu bewegen, im Genick nachzugeben, die Halsmuskulatur zu entspannen und mit der Stirnlinie wieder an die Senkrechte zu kommen. Das Pferd ist dann wieder *beigezäumt*. Ein Pferd, das eine Stütze in den Zügeln sucht, ist *auf dem Zügel*. Wenn ein Pferd sich dem Nachgeben durch Gegendrücken mit Genick- und Halsmuskulatur nach vorwärts-aufwärts zu entziehen sucht, geht es *gegen den Zügel*.

Bei einem beigezäumten Pferd soll das *Genick* des Pferdes stets *der höchste Punkt* sein. Die Reiterfäuste sollen in ständiger und feiner Verbindung mit dem Pferdemaul sein, der Reiter dabei unabhängig vom Zügel sitzen, d. h. er soll nicht am Zügel hängen und ihn als Stütze benutzen. Vom Pferd wird verlangt, daß es den Zügel zwar ständig sucht, ihn aber ebenfalls nicht als Stütze benutzt.

Am Zügel

Über dem Zügel

Gegen den Zügel

Auf dem Zügel

Hinter dem Zügel

und falscher Knick

Lange Zügel

Hingegebene Zügel

Verzichtet der Reiter auf eine volle Beizäumung und gestattet er dem Pferd, sich im Halse sichtbar zu dehnen, so geht das Pferd *am langen Zügel*. Die Zügel werden also länger. Die feine Verbindung zwischen Reiterhand und Pferdemaul bleibt erhalten, und das Genick des Pferdes bleibt der höchste Punkt.

Während der Arbeit und am Schluß von Dressurprüfungen läßt der Reiter sein Pferd *am hingegebenen Zügel* im Schritt gehen. Hierbei besteht *keine* Verbindung mehr zwischen Reiterhand und Pferdemaul. Das Pferd kann sich vollends im Hals strecken und sich nach vorwärts-abwärts dehnen. Es ist eine Art Belohnung für getane Arbeit.

Das Traben und Galoppieren im Arbeitstempo am hingegebenen Zügel während der Arbeit ist ein Prüfstein für die *richtige Arbeit*, wenn sich das Pferd hierbei vollends im Halse vorwärts-abwärts dehnt und im gleichen Tempo verbleibt, also nicht eiliger wird. Das Pferd soll sich hierbei völlig entspannen und zufrieden prusten.

Die Reiterhand soll lebendig sein, d. h. zwischen *Annehmen und Nachgeben* besteht ein mehr oder weniger ständiges Wechselspiel, immer verbunden mit den treibenden Hilfen. In diesem Spiel drehen sich die Handgelenke des Reiters bei geschlossenen Fäusten ein und aus. Bei stärkerem Nachgeben können die Arme ein wenig vorgehen. Soll der Hals des Pferdes gedehnt werden, so werden die Zügelfäuste kurz geöffnet, um die Zügel verlängern zu können.

Durchhaltende Zügelhilfen sind erforderlich, wenn sich ein Pferd im Genick festhält, also unnachgiebig ist. Die Verbindung zwischen Reiterhand und Pferdemaul ist in diesem Augenblick fest. Dem begegnet der Reiter dadurch, daß er diesen Druck mit geschlossenen Zügelfäusten so lange aushält, bis das Pferd im Genick nachgibt und die Verbindung wieder fein wird. Von Vorteil ist hierbei, das Pferd abwechselnd leicht rechts und links zu stellen, wobei der jeweils äußere Zügel fest anstehen muß.

Von entscheidender Bedeutung ist aber, daß der Reiter den Augenblick des Nachgebens des Pferdes erspürt und seinerseits wieder fein mit der Hand wird. Verpaßt der Reiter diesen Augenblick, so wird sein Pferd niemals lernen, auf feine Zügelhilfen zu reagieren und allmählich im Maul unempfindlich werden. Alle Zügelhilfen sollen möglichst unsichtbar sein. Der Neigung vieler Reiter, zuviel mit den Händen und zuwenig mit Gewichts- und Schenkelhilfen einzuwirken, muß von Anfang an korrigierend begegnet werden.

Hilfengebung

Anziehen des Kreuzes, Verstärkung des Schenkeldrucks beider Schenkel, ganz feines Vorgehen der Zügelfäuste ohne Aufgabe der Verbindung zwischen Reiterhand und Pferdemaul.

Anreiten aus dem Halten zum Schritt

Anziehen des Kreuzes, Verstärkung des Schenkeldrucks beider Schenkel, feines Vorgehen der Zügelfäuste ohne Aufgabe der Verbindung zwischen Reiterhand und Pferdemaul.

Übergang aus dem Schritt zum Trab

Halbe Parade. Anziehen des Kreuzes. Verlagerung des Gewichts vermehrt auf den inneren Gesäßknochen, leichtes Vornehmen der inneren Hüfte ohne Einknicken in der Hüfte. Innerer Schenkel vermehrt treibend am Sattelgurt. Äußerer Schenkel leicht zurückgenommen, verwahrend wirkend. Äußerer Zügel gut anstehend. Innerer Zügel fein vorgehend, ohne Aufgabe der Verbindung zwischen Reiterhand und Pferdemaul. Für den Übergang vom Trab zum Galopp gilt dasselbe.

Übergang vom Schritt zum Galopp

Korrekter Sitz beim Angaloppieren links

Angaloppieren rechts

Reiter steht auf und treibt nicht, Pferd über dem Zügel

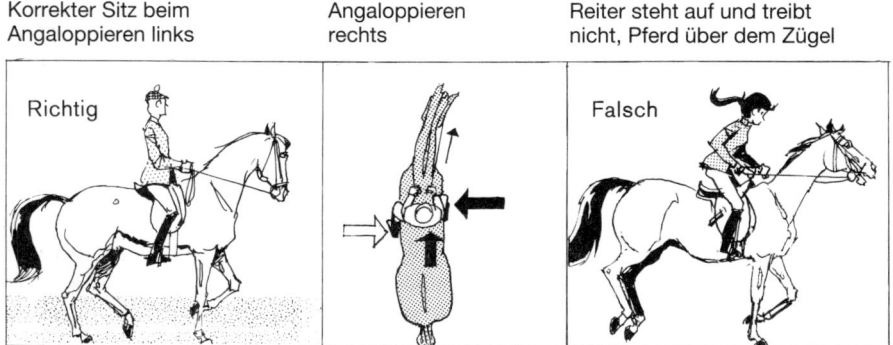

Richtig

Falsch

Darunter versteht man die Hilfen des Reiters, bei denen Zügelhilfen und treibende Hilfen harmonisch zusammenwirken müssen, um die Bewegungen des Pferdes regulieren zu können.

Halbe Parade   Zweck der Halben Parade ist es, Takt und Haltung des Pferdes während der Bewegung zu verbessern oder, wenn nötig, wiederzugewinnen. Weiterhin dient die Halbe Parade dazu, von einer höheren Gangart in eine niedrigere Gangart überzugehen. Umgekehrt bereitet man den Übergang von einer niedrigeren Gangart in eine höhere Gangart durch eine Halbe Parade vor. Hierbei dient die Halbe Parade insbesondere dazu, die Hinterhand des Pferdes zu engagieren. Schließlich werden Halbe Paraden vor Einleitung einer Volte, vor dem Durchreiten der Ecken, vor einer Kehrtwendung aus der Ecke und vor der Einleitung aller schwierigeren Lektionen ausgeführt.

Der Reiter nimmt dabei die Zügel an – unter gleichzeitigem Fortsetzen der treibenden Hilfen. Das Annehmen der Zügel darf jedoch nicht so stark sein, daß das Pferd zum Halten kommt. Unterläßt er das Treiben und zieht nur am Zügel, so tritt die erwünschte Wirkung der Halben Parade nicht ein. Häufig sind Takt- und Schwungverlust die Folge.

Halbe Paraden sollen das Pferd gewissermaßen darauf vorbereiten, daß etwas Neues geschieht, also seine Aufmerksamkeit wecken.

Ganze Parade   Sie bringt das Pferd durch Annehmen der Zügel zum Halten und wird, je nach dem Ausbildungsstand des Pferdes, durch eine oder mehrere Halbe Paraden vorbereitet. Das Annehmen der Zügel soll von treibenden Hilfen begleitet sein, so daß das Pferd von hinten nach vorn an die Reiterhand herangetrieben wird. Sobald das Pferd zum Halten gekommen ist, muß sich die Reiterhand abspannen, die Verbindung zwischen Reiterhand und Pferdemaul also fein werden. Verpaßt der Reiter den Augenblick des Nachgebens der Zügelfäuste, wird das Pferd zurücktreten oder seitwärts ausweichen, ein in Dressurprüfungen schwerwiegender Mangel.

Nach einer korrekt ausgeführten Ganzen Parade steht das Pferd absolut unbeweglich und gleichmäßig auf allen vier Beinen. Die Einwirkung des Reiters soll auch hierbei möglichst unsichtbar sein.

D as Pferd verfügt über drei Bewegungsarten, die ihm von der Natur mitgegeben worden sind. Man nennt sie die *Grundgangarten*. Ihre gute oder weniger gute Ausprägung wird durch die anatomischen Gegebenheiten eines Pferdes entscheidend bestimmt. Und hier gibt es beträchtliche Unterschiede.

Der Kunst des Reiters obliegt es, diese Grundveranlagungen unter Wahrung der Natur zur höchsten Entfaltung zu bringen. Der Reiter vermag zwar, diesen oder jenen Mangel im Verlauf einer richtigen Ausbildung zu bessern. Die Natur läßt sich aber nicht vergewaltigen. Wenn die durch die Veranlagung gegebenen Grenzen überschritten werden, wird daraus etwas Unnatürliches, Künstliches, und das bedeutet Verzicht auf Vollendung und Harmonie.

? *Welche Grundgangarten gibt es?*

Schritt

Er ist eine *schreitende* Gangart – man spricht von Schritten –, bei der die vier Beine nacheinander ab- und auffußen, also im Viertakt, und zwar gleichseitig. Auf einem harten Boden kann man die 4 Hufschläge hören und prüfen, ob sie in zeitlich gleichmäßigen Abständen erfolgen oder nicht. Im Falle der Gleichmäßigkeit spricht man von einem reinen Schritt, sonst von einem unreinen Schritt. Der Schritt soll fleißig, aber nicht übereilt sein.

Im Schritt gibt es *unterschiedliche Gangmaße*, auch Tempi genannt:

Mittelschritt
Hier sollen die Hinterhufe etwas über die Spuren der Vorderhufe hinausgreifen, der Rahmen des Pferdes etwas erweitert sein. Der Mittelschritt findet Anwendung bei der Arbeit junger Pferde und zur Einleitung der Trainingsarbeit bereits ausgebildeter Pferde.

Starker Schritt
Dabei sollen die Hinterhufe *deutlich* über die Spuren der Vorderhufe hinausgreifen. Der Rahmen des Pferdes soll *deutlich* erweitert sein, d.h. der Pferdehals soll länger werden. Die Stirnlinie des Pferdes soll etwas vor der Senkrechten sein. Wie im Mittelschritt soll die Verbindung zwischen Reiterhand und Pferde-

| Mittelschritt | Starker Schritt | Versammelter Schritt |

maul erhalten bleiben. Der starke Schritt wird erst im Verlauf der Ausbildung allmählich entwickelt.

Versammelter Schritt
Bei diesem Gangmaß sollen die Hinterhufe etwas hinter den Spuren der Vorderhufe zurückbleiben. Die Schritte sollen erhabener, ausdrucksvoller sein. Die Hinterhand soll mehr Gewicht aufnehmen, die Vorhand dadurch mehr entlastet und aufgerichtet sein. Der Rahmen des Pferdes soll enger sein.
Frühestens nach einer Ausbildung von einem Jahr wird ein Pferd den versammelten Schritt beherrschen, nachdem es gelernt hat, die Hinterhand vermehrt und willig einzusetzen.

Freier Schritt
Hierbei verzichtet der Reiter auf jede aktive Einwirkung. Er gibt die Anlehnung ganz auf und gestattet dem Pferd, den Hals vollends zu strecken. Das Pferd schreitet mit zufriedenem Blick weit aus. Es ist dies gewissermaßen eine Erholungs- und Belohnungspause für eben geleistet Arbeit.
Ein schwerwiegender Mangel im Schritt ist der sogenannte *Paß*, wobei das rechte Hinterbein und das rechte Vorderbein gleichzeitig auffußen und das linke Hinterbein und das linke Vorderbein ebenso. Das Pferd bewegt sich also im Zweitakt und nicht, wie es sein soll, im Viertakt.
Erfolgt das gleichmäßige Auffußen nahezu gleichzeitig, so spricht man von einem *paßartigen Schritt*. Paß

und paßartiger Schritt sind nur äußerst selten angeboren. Sie zeigen sich aber durch Fehler in der Ausbildung.

Der Schritt (Z = Zwischenphase)

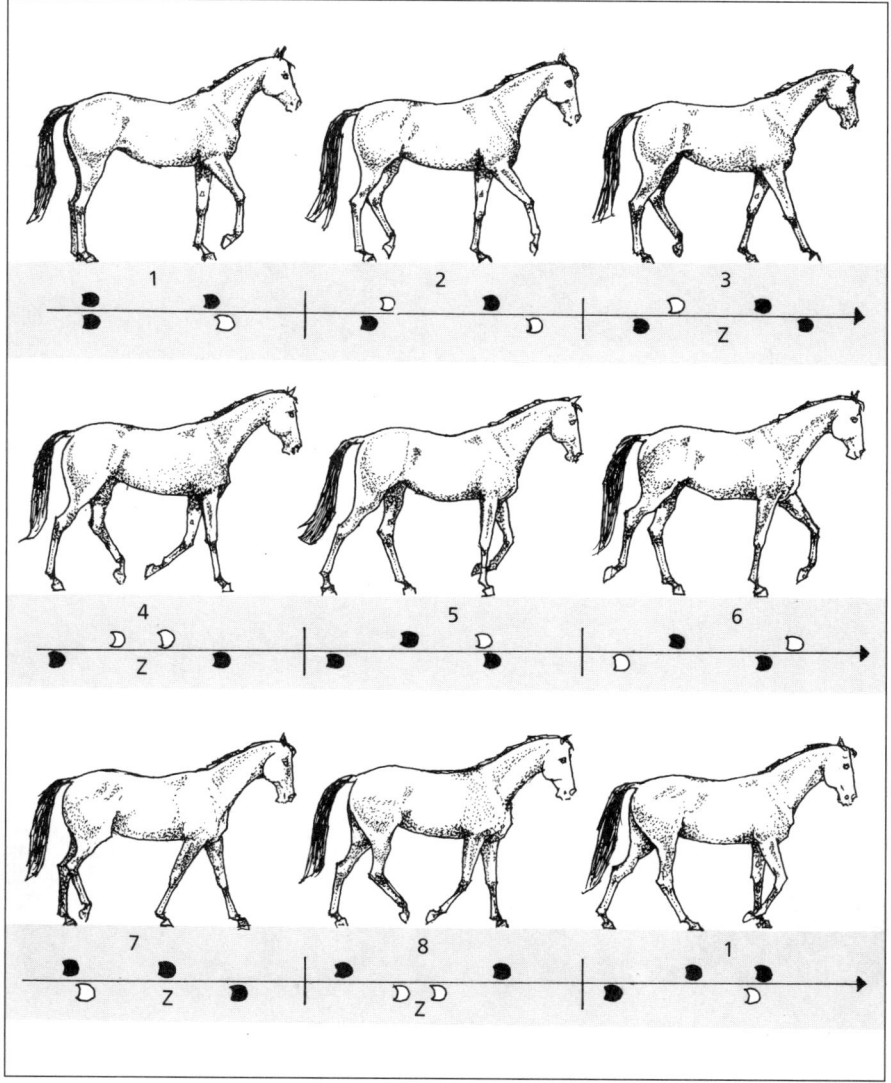

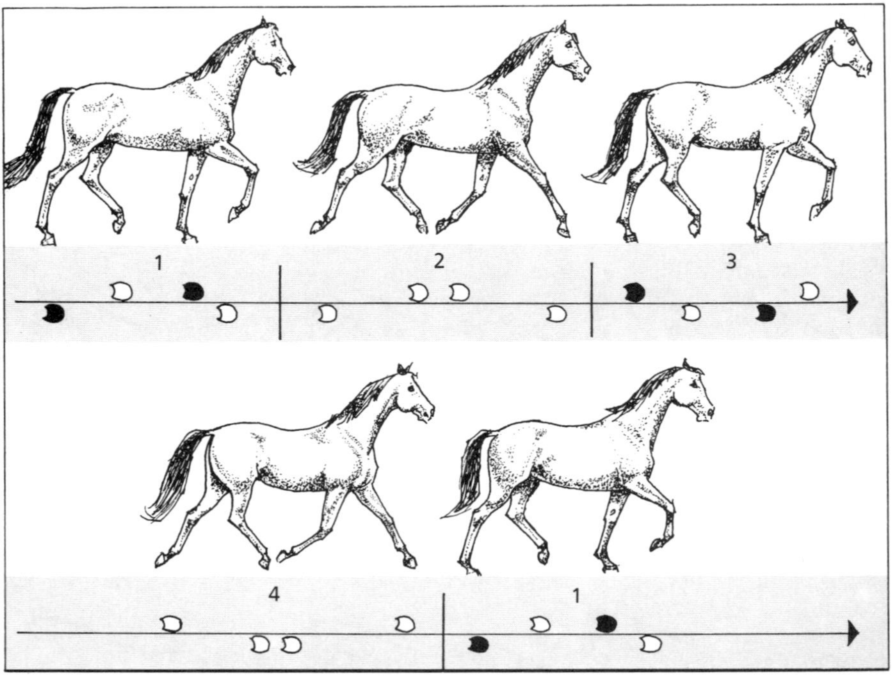

Der Trab

Leichttraben

Auch in dieser Gangart sind die anatomischen Gegebenheiten des Pferdes von entscheidender Bedeutung. Bei einem harmonischen Körperbau (Länge des Halses, schräge Schulter, Länge des Rückens, Länge der Kruppe, gute Winkelung der Hinterbeine) wird ein Pferd das zeigen, was bei dieser Gangart erwünscht ist: Schwung, Leichtfüßigkeit, Elastizität und Raumgriff.

Der Kunst des Reiters kann es gelingen, einen von Natur aus nur mäßigen Trab im Verlauf der Ausbildung bis zu einem gewissen Grade zu verbessern, insbesondere durch Gymnastizierung der Hinterhand und damit Förderung der Schubkraft des Pferdes. Im Trab spricht man von *Tritten*: Zwei diagonale Beine bewegen sich gleichzeitig vorwärts und werden gleichzeitig aufgesetzt. Daraus ergibt sich im Trab der *Zweitakt*. Zwischen dem Wechsel der diagonalen Beinpaare liegt der *Moment der Freien Schwebe*, d.h. keines der vier Pferdebeine berührt den Boden. Der Trab soll fleißig, aber nicht übereilt sein. Auch hier gibt es *unterschiedliche Gangmaße* (Tempi):

Trab

Arbeitstrab

Mit dem Arbeitstrab, der in seinem Raumgriff zwischen dem Mitteltrab und dem versammelten Trab liegt und der sich durch Frische auszeichnen soll, beginnt die Ausbildung des jungen Pferdes. Erst wenn dieses sich im Gleichgewicht zeigt, sicher an den Hilfen steht, die Hinterhand genügend engagiert ist, schließt sich die Ausbildung in den Verstärkungen und in der Versammlung an.

Bei einem ausgebildeten Pferd wird der Arbeitstrab zur Einleitung der täglichen Arbeit geritten.

Tritte verlängern
Dies ist als Vorstufe zum Mitteltrab zu verstehen und
wird als allmähliche Steigerung vom Arbeitstrab zum
Mitteltrab geritten.

Mitteltrab:
Erweiterter Rahmen und
Raumgriff

Mitteltrab
Hier sollen die Tritte weiter als beim Arbeitstrab sein,
aber nicht eiliger werden. Der Rahmen des Pferdes
soll etwas weiter sein. Der Schwung des Pferdes aus
der energisch abfußenden Hinterhand soll deutlich
zum Ausdruck kommen. Das Pferd soll sich dabei
selbst tragen, d.h. sich nicht auf den Zügel legen. Die
Hinterhand darf nicht breit treten; die Hinterbeine
sollen etwa in den Spuren der gleichseitigen Vorderhufe auffußen.

Starker Trab:
Deutlich erweiterter Rahmen
und Raumgriff, Pferdenase
leicht vor der Senkrechten

Starker Trab
Er soll eine deutliche Steigerung gegenüber dem Mit-
teltrab zeigen. Das bedeutet erhöhten Schwung, ein
Höchstmaß an Raumgriff und ein besonders energi-

sches Abfußen der Hinterbeine. Der Rahmen des Pferdes soll *deutlich* erweitert sein, d.h. der Pferdehals soll sich dehnen, also länger werden, das Pferd sich dabei selbst tragen. Die Stirnlinie des Pferdes darf hierbei ein wenig vor der Senkrechten sein. Die Bewegungen des Pferdes sollen höchste Kraftentfaltung zeigen, jedoch in voller Geschmeidigkeit, ohne Verkrampfung.

Die Vorderhufe sollen dort auffußen, wohin sie zeigen. Nur dann gewinnt das Pferd den Boden, der im starken Trab verlangt wird. Wie im Mitteltrab soll das Pferd auch im starken Trabe hinten nicht breit gehen und nicht eiliger werden.

Versammelter Trab:
Engerer Rahmen, weniger Raumgriff

Versammelter Trab

Er ist gekennzeichnet durch die *Erhabenheit* der Tritte. Die durch Beugung der Hanken (Hüft- und Kniegelenke) gesenkte Hinterhand des Pferdes nimmt mehr Last auf, entlastet dadurch die Vorderhand und bewirkt dadurch deren Aufrichtung. Der Grad der Aufrichtung entspricht also dem Grad des Hankenbuges. Man spricht hier von der *relativen Aufrichtung*, die allein reiterlich korrekt ist.

Im Gegensatz hierzu steht die *absolute Aufrichtung*, die mit der Hand des Reiters ausgeführt und erzwungen wird. Sie führt meist zu einem zu engen Rahmen des Pferdes, wobei die Hinterbeine nicht genügend engagiert sind, die Geschmeidigkeit und Natürlichkeit der Bewegungen nachlassen. Diese Aufrichtung ist unreiterlich und daher abzulehnen. In allen Trabarten (Tempi) soll der Zeitraum von Tritt zu Tritt gleichbleibend sein. Unterschiedlich ist lediglich der Raumgriff.

Leichttraben
Es dient der Schonung des Rückens und der Gelenke des Pferdes. Junge Pferde werden anfänglich weitgehend im Leichttraben gearbeitet. Ausgebildete Pferde werden zu Beginn der täglichen Arbeit leichtgetrabt, um sie so schnell wie möglich zur Losgelassenheit zu bringen. Leichttraben gibt es nur im Arbeitstrab und im Mitteltrab. Beim Reiten im Gelände wird grundsätzlich leichtgetrabt.

Der Reiter sitzt beim Leichttraben nicht jeden Tritt des Pferdes aus, sondern fängt, sich auf Knie und Bügel stützend, einen Tritt ab und läßt sich erst mit dem folgenden Tritt wieder in den Sattel gleiten. Das Niedersetzen in den Sattel soll erfolgen, wenn der innere Hinterfuß auffußt, das Erheben aus dem Sattel erfolgt demnach in dem Augenblick, wenn äußerer Vorderfuß und äußere Schulter des Pferdes nach vorn schwingen. In der Bahn wird grundsätzlich auf dem inneren Hinterfuß leichtgetrabt. Beim Handwechsel muß der Reiter eine ungerade Zahl von Tritten aussitzen und sich dann wieder erheben, wenn der nunmehrige Vorderfuß nach vorn schwingt. Beim Leichttraben im Gelände muß der Reiter von Zeit zu Zeit umsitzen, um eine gleichmäßige Beanspruchung des Pferdes zu gewährleisten.

Galopp Der Galopp ist die anmutigste, zugleich aber auch die kraftvollste Gangart. Man spricht hier von *Sprüngen*.

Der Galopp vollzieht sich im *Dreitakt*:
Das Pferd setzt zuerst das *äußere Hinterbein* auf, danach ein *diagonales Beinpaar*, zum Schluß das *innere Vorderbein*. Es folgt der *Moment der Freien Schwebe*, bei dem sich keines der vier Pferdebeine auf dem Boden befindet. Der Hauptantrieb, die Schubkraft, kommt aus dem äußeren Hinterbein. Der Galopp soll geschmeidig und schwungvoll sein, der Reiter weich in die Bewegungen eingehen. Wie im Schritt und im Trab gibt es auch im Galopp unterschiedliche Gangmaße (Tempi).

Arbeitsgalopp
Mit dem Arbeitsgalopp, der in seinem Raumgriff zwischen dem Mittelgalopp und dem versammelten Galopp liegt und der sich durch Frische auszeichnen soll, beginnt die Ausbildung des *jungen* Pferdes.

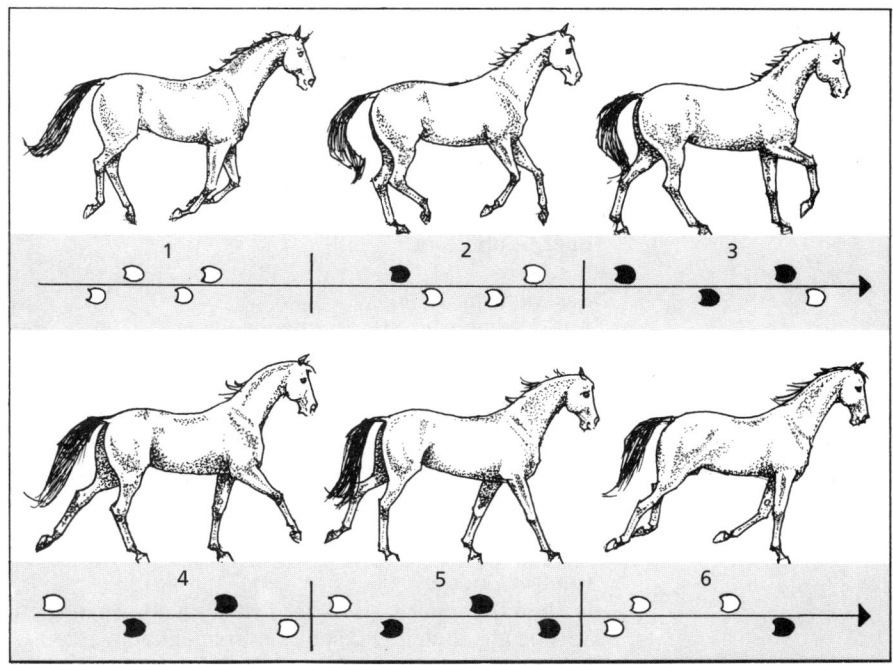

Der Rechtsgalopp

Erst wenn dieses sich im Gleichgewicht befindet, sicher an den Hilfen steht und in der Hinterhand genügend engagiert ist, schließt sich die Ausbildung in den Verstärkungen und in der Versammlung an.

Bei einem ausgebildeten Pferd dient der Arbeitsgalopp zur Einleitung der täglichen Arbeit.

Galoppsprünge verlängern
Dies ist als eine Vorstufe zum Mittelgalopp zu verstehen. Hierbei wird der Raumgriff der Galoppsprünge allmählich vom Arbeitsgalopp zum Mittelgalopp gesteigert.

Mittelgalopp
Hier sollen die Sprünge *weiter* werden, aber nicht eiliger. Das Pferd soll also mehr Boden gewinnen. Der Rahmen des Pferdes soll etwas weiter werden, das Pferd sich im Halse dehnen und sich dabei selbst tragen. Das kraftvolle Abfußen der Hinterbeine soll deutlich sichtbar sein.

Starker Galopp

Er ist die höchste Kraftentfaltung in dieser Gangart. Die Sprünge sollen noch weiter sein, das Pferd noch mehr Boden gewinnen. Dabei soll der Rahmen des Pferdes *deutlich* erweitert sein, der Pferdehals sich sichtbar dehnen. Das Pferd soll sich selbst tragen, die Verbindung zwischen Reiterhand und Pferdemaul erhalten bleiben. Die Hinterbeine sollen in höchster Energie abfußen.

Versammelter Galopp

Aus vermehrter Hankenbeugung ergibt sich die gesenkte Hinterhand, die in erhöhtem Maße die Last aufnimmt. Daraus ergibt sich die Entlastung der Vorhand und die relative Aufrichtung, die hier deutlich hervortreten muß. Man spricht hier von einem *Bergaufgalopp*, der den Auffassungen der klassischen Reitkunst entspricht.

Die Sprünge sollen geschmeidig, leichtfüßig und schwungvoll, aber nicht eilig sein. Das Pferd gewinnt weniger Boden.

In allen Galopparten soll der Zeitraum von Sprung zu Sprung gleichbleibend sein. Unterschiedlich ist lediglich der Raumgriff.

1 Mittelgalopp
2 Starker Galopp
3 Versammelter Galopp

Der Galopp ist die anmutigste, zugleich aber auch die kraftvollste Gangart.
Dieser Schnappschuß zeigt den Moment der freien Schwebe in Verbindung mit einem
fliegenden Galoppwechsel. Perfekt demonstriert von Olympiasiegerin Nicole Uphoff-Becker
auf *Rembrandt*.

Die Grundsätze der klassischen Reitkunst sind Jahrhunderte alt. Ihr bedeutendster Verfechter war François Robichon de la Guérinière, Stallmeister des Königs Ludwig XIV. von Frankreich. In seiner »Reitschule« (von 1733) hat er die Grundsätze für die Ausbildung eines Pferdes niedergelegt. Diese haben die gesamte europäische Reiterei beeinflußt. Die deutsche Schule leitet sich in ununterbrochener und unmittelbarer Folge hiervon ab. Mit geringfügigen Abänderungen finden seine Grundsätze auch heute noch in der Spanischen Hofreitschule in Wien Anwendung und haben in den Bestimmungen der Internationalen Reiterlichen Vereinigung (FEI) ihren Niederschlag gefunden.

Ein nach diesen Grundsätzen ausgebildetes Pferd soll über die folgenden Grundeigenschaften verfügen:

Takt   Er bezeichnet das Gleichmaß der Bewegung und ist eine Grundbedingung des *reinen Ganges*. Man spricht von Unreinheit des Ganges, wenn diese Bedingung nicht erfüllt ist.

Im Schritt:
klarer Viertakt, gleichseitig, aber nicht gleichzeitig.
Hinten rechts – vorn rechts – hinten links – vorn links.

Im Trab:
klarer Zweitakt. Die diagonalen Beinpaare fußen gleichzeitig auf und ab. Zwischen den beiden Diagonalen der Moment der freien Schwebe.

Im Galopp:
klarer Dreitakt. Hinten außen – diagonales Beinpaar hinten innen und vorn außen – vorn innen. Danach Moment der freien Schwebe.

Cavaletti-Arbeit dient der Förderung des Gleichgewichts, des Ganges und des Schwunges

Richtig   Falsch   Falsch

Beim Rückwärtsrichten:
Obwohl sich das Pferd hierbei im Schritt-Tempo bewegt, spricht man doch von Tritten, weil sich das Pferd, wie im Trab, im Zweitakt bewegt, d. h. die diagonalen Beinpaare fußen gleichzeitig auf und ab.
Alle vier Pferdebeine sollen sich deutlich vom Boden abheben und sich im Maß des Raumgriffs des versammelten Schritts rückwärts bewegen. Die Rückwärtsbewegung erfolgt auf *einem* Hufschlag in *gleichmäßigen* Tritten.

Losgelassenheit

Die Bewegungen des Pferdes sollen natürlich, geschmeidig und ohne jede Spannung und Verkrampfung sein. Das Pferd soll einen vollauf zufriedenen Eindruck machen, ein vertrauensvolles Auge und ein kauendes Maul haben und den Schweif gleichmäßig pendelnd tragen.
Der Rücken des Pferdes als Brücke zwischen Hinterhand und Vorhand soll federnd auf- und abschwingen und dem Reiter den geschmeidigen Sitz ermöglichen, aus dem er mit Gewicht, Kreuz und Schenkeln zum Treiben kommt.

Anlehnung

Sie bedeutet die *ständige* und *feine* Verbindung zwischen Reiterhand und Pferdemaul. Das Pferd, richtig ausgebildet, soll diese Anlehnung suchen, der Reiter dabei unabhängig von Zügel sitzen. Der *Grad* der Anlehnung wechselt je nach den Anforderungen, die der Reiter an das Pferd stellt. Der Reiter sollte aber immer bemüht sein, die Anlehnung nur kurzfristig zu verstärken und so schnell wie möglich zur feinen Anlehnung zurückkehren.
Ein in richtiger Anlehnung gehendes Pferd ist *am Zügel* und *trägt sich selbst.* Kommt das Pferd hinter oder über den Zügel, so beweist der Reiter damit, daß er überwiegend mit der Hand eingewirkt und versäumt hat, treibende Hilfen mit Zügelhilfen in harmonischen Einklang zu bringen.
Eine ständige feste Anlehnung deutet auf ein festgehaltenes Genick des Pferdes hin und beweist mangelnde Durchlässigkeit. Eine nur vorübergehend ständige Anlehnung beweist, daß das Pferd nicht solide am Zügel steht.
Nur ein in ständiger und feiner Anlehnung stehendes Pferd gestattet es dem Reiter, den jeweils erforderlichen Rahmen – enger oder weiter – zu bestimmen.

Schwung   Ihn gibt es nur im Trabe und Galopp. Er resultiert aus der völligen Losgelassenheit, einem schwingenden Rücken und federnden Hinterbeinen. Er kann nur aus der *Hinterhand* entwickelt werden. Die Bewegungen des Pferdes sollen geschmeidig, ja anmutig sein, mühelos und kraftvoll. Bei einem schwungvollen Pferd wird der Moment der freien Schwebe im Trab und im Galopp deutlich erkennbar sein, während er bei schwunglosen Pferden verwischt ist. Schwung zeigt sich in der Versammlung und in den Verstärkungen.

Geradegerichtetsein   »Reite Dein Pferd vorwärts und richte es gerade.« Dieser jahrhundertealte Grundsatz gilt auch heute noch unverändert.

Von Natur aus sind die meisten Pferde schief. Diese Schiefe muß im Laufe der Ausbildung beseitigt werden. Es ist dies der einzige Fall, in dem etwas *gegen die Natur* unternommen werden muß. Und warum? Nur ein in sich gerades Pferd kann zu einer vollen und idealen Entwicklung seiner natürlichen Anlagen gebracht werden. Bei einem schiefen Pferd können die treibenden Hilfen (von hinten nach vorn) und die verhaltenden Hilfen (von vorn nach hinten) nur ungenügend durchdringen, sie bleiben im Pferde stecken und stellen damit die richtige Ausbildung in Frage. Ein gerades Pferd bewegt sich im Geradeaus auf *einem* Hufschlag, im Schritt, im Trab, im Galopp und beim Rückwärtsrichten. Es steht beim Halten auf *einem* Hufschlag. Die Längsachse des Pferdes ist dem Hufschlag angepaßt.

 Rechts gestellt    Rechts gestellt und gebogen   Im Genick verworfen

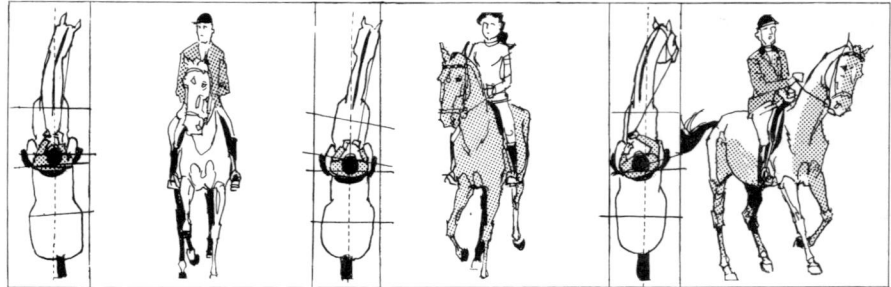

Sie bedeutet das willige Durchlassen von halben und ganzen Paraden bei gutem Engagement der Hinterhand in allen Gangarten, bei einem geschmeidigen und nicht festgehaltenen Genick des Pferdes. Sie bedeutet weiter die willige Nachgiebigkeit in den Ganaschen nach beiden Seiten. Sie ergibt sich aus einer richtigen und mit Geduld betriebenen Ausbildung von selbst. Ein nicht durchlässiges Pferd entzieht sich den halben und ganzen Paraden dadurch, daß es sich auf den Zügel legt, über oder hinter den Zügel kommt, mit dem Kopf schlägt und das Maul aufsperrt. Es verweigert die Rechts- oder Linksstellung durch Verwerfen im Genick. Ein voll durchlässiges Pferd gestattet dem Reiter die wünschenswerte *dezente* Einwirkung, die zur Verschönerung des Gesamtbildes beiträgt.

Durchlässigkeit

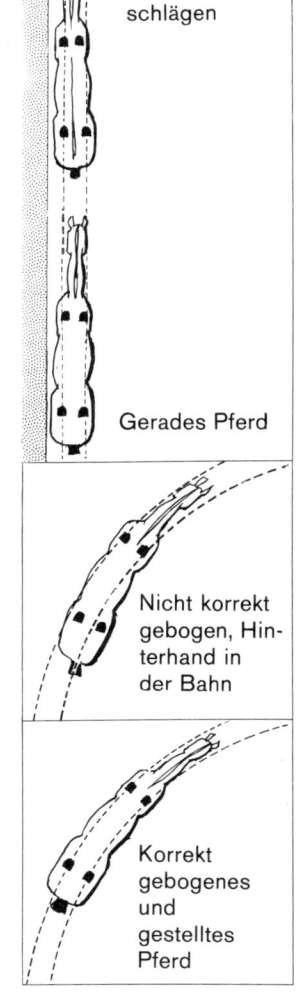

Auf zwei Hufschlägen

Gerades Pferd

Nicht korrekt gebogen, Hinterhand in der Bahn

Korrekt gebogenes und gestelltes Pferd

Versammlung und Aufrichtung

In dem Wort Versammlung steckt das Wort »sammeln« und sammeln heißt anhäufen. Was häuft der Reiter an? Energie! Sie wird für höhere Anforderungen in der Dressur benötigt. Und wo wird Energie gesammelt? *In der Hinterhand des Pferdes, dem Motor.*

Die Tragkraft der Hinterhand wird zur Entlastung der Vorhand vermehrt herangezogen. Die Hanken (Knie- und Hüftgelenke) werden vermehrt gebeugt. Das Pferd wird dadurch hinten tiefer und vorne höher. Mit Hilfe der in der Hinterhand gespeicherten Energie gewinnen die Bewegungen des Pferdes mehr Ausdruck. Im Trabe spricht man von *Kadenz*, im Galopp von *Erhabenheit*.

Die Versammlungsfähigkeit eines Pferdes wächst harmonisch mit seiner Ausbildung, in der eine *langsame* Steigerung der Versammlung erfolgen soll. Bei zu schnellem Vorgehen sind Nachlassen der Geschmeidigkeit und des Schwunges häufig die Folge. Es leidet die wünschenswerte Natürlichkeit der Bewegungen. Im Schritt läßt der Raumgriff nach.

Aus dem vermehrten Hankenbug ergibt sich die *Aufrichtung*, die, wie bereits erwähnt, als *relative Aufrichtung* bezeichnet wird. Sie führt zu einem harmonischen Rahmen des Pferdes, einem Hals, der sich in einer ungebrochenen Linie, d.h. ohne Knick, aus dem Widerrist erhebt.

Viereck 20 x 40 m
mit Hufschlagfiguren

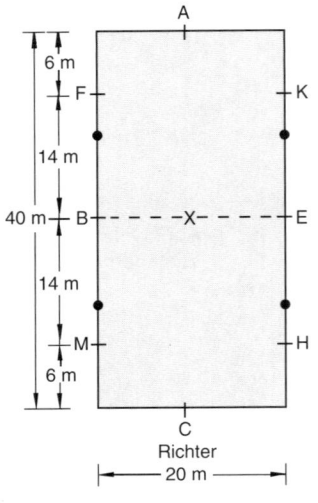

Richter

E in Reitviereck für nationale Dressurprüfungen hat normalerweise eine Größe von 20 mal 40 m. Für die internationalen Aufgaben der F.E.I. – Prix St. Georges – Intermédiaire I und II – Grand Prix, Grand Prix Special – sowie die Vielseitigkeitsprüfungen Klasse L bis S und spezielle Dressuraufgaben hat das Reitviereck eine Größe von 20 mal 60 m.

Die in den verschiedenen Dressurprüfungen vorgeschriebenen Wege heißen *Hufschlagfiguren*. Ihre genaue Einhaltung ist einer der Prüfsteine für die Beurteilung des Wertes einer Dressurprüfung. Ein Reiter, der die Hufschlagfiguren nicht sorgfältig beachtet, beweist damit, daß sein Pferd noch nicht über den erforderlichen Ausbildungsstand verfügt oder daß sein reiterliches Können noch nicht ausreicht.

Man unterscheidet folgende Hufschlagfiguren:
- Ganze Bahn – **CMBFAKEH** (rechte Hand) oder umgekehrt (linke Hand)
- Halbe Bahn – **CMBXEH** (rechte Hand) oder **AKEXBF** (rechte Hand) oder umgekehrt (linke Hand)
- Lange Seite – **MF** oder **KH** (rechte Hand) sowie umgekehrt (linke Hand)
- Kurze Seite – beiderseits **C** oder beiderseits **A**
- Mittellinie (Länge der Bahn) **CXA** oder **AXC**
- Wechsellinie, durch die ganze Bahn – **MXK** oder **FXH** oder umgekehrt
- Wechsellinie, durch die halbe Bahn – **ME** oder **FE** oder **KB** oder **HB**
- Mittelpunkt der Bahn – **X**
- Zirkel – er ist ein Kreis von 20 m Durchmesser. Die Zirkelpunkte, die der Reiter für die Dauer einer Pferdelänge berühren muß, liegen beim Reiten auf der rechten Hand bei **C**, auf der Mitte zwischen der Ecke nach **C** und **B** (10 m), bei **X** und auf der Mitte zwischen **E** und der Ecke vor **H** (10 m). Der zweite Zirkel liegt zwischen **A** und **X** sinngemäß.
- Aus dem Zirkel wechseln – nach Vollendung eines Zirkels reitet der Reiter durch den Punkt **X** und kommt zwangsläufig auf den zweiten Zirkel.
- Durch den Zirkel wechseln – hier wendet der Reiter am Zirkelpunkt an der langen Seite in einem Kreisbogen von 10 m Durchmesser ab, durchreitet den Mittelpunkt des Zirkels und kehrt auf einem Kreisbogen von 10 m Durchmesser auf die Zirkellinie zurück.

Hufschlagfiguren

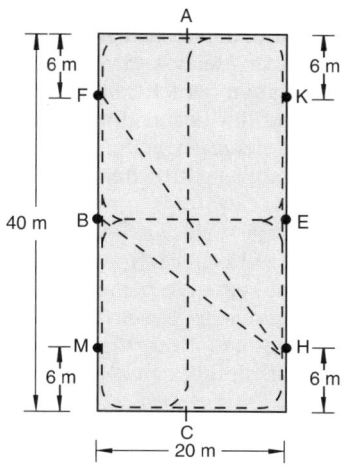

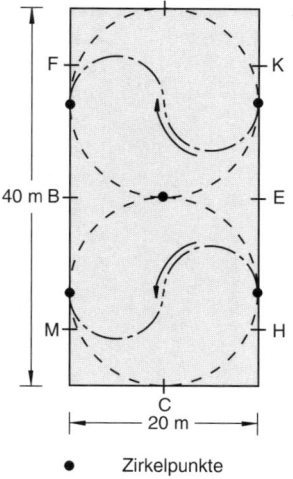

Wechsellinie durch
die halbe Bahn = H-B

Wechsellinie durch
die ganze Bahn = H-F/bzw. F-H

Wechsellinie durch
die Länge der Bahn = A-C/bzw. C-A

Halbe Bahn = B-E/bzw. E-B

●   Zirkelpunkte

—·—   Durch den Zirkel wechseln

– – –   Aus dem Zirkel wechseln

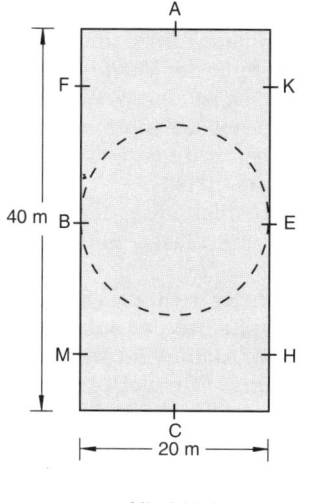

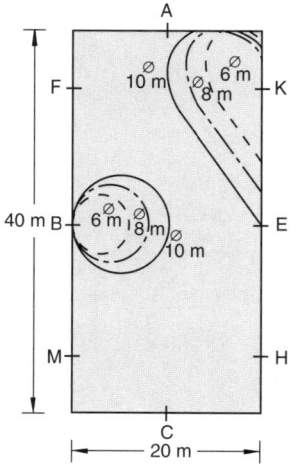

– – –   Mittelzirkel

——— Volte und Kehrtvolte/Kehrt-
wendung mit einem Durch-
messer von 10 m

—·— Volte und Kehrtvolte/Kehrt-
wendung mit einem Durch-
messer von 8 m

– – – Volte und Kehrtvolte/Kehrt-
wendung mit einem Durch-
messer von 6 m

- Wechselpunkte sind die Punkte **M**, **F**, **K** und **H**.
- Einfache Schlangenlinie – sie ist eine gleichmäßig gebogene Linie entlang der langen Seite. Sie beginnt beim ersten Wechselpunkt und endet beim folgenden Wechselpunkt der langen Seite. Die weiteste Entfernung vom Hufschlag Mitte der langen Seite beträgt 5 m.
- Doppelte Schlangenlinie – sie wird an der langen Seite ausgeführt und entfernt sich zweimal bis zu 2,50 m von der langen Seite. Sie beginnt am ersten Wechelpunkt der langen Seite, berührt bei **B** bzw. **E** mit einer Pferdelänge den Hufschlag und endet beim folgenden Wechselpunkt. Beide Bögen müssen gleichmäßig sein.
- Schlangenlinie durch die ganze Bahn – hier kann die Zahl der Bögen vorgeschrieben werden. Bei z. B. fünf Bögen muß der Reiter den Hufschlag der langen Seite außer an den beiden Wechselpunkten dreimal, jeweils mit einer Pferdelänge, berühren.
- Volte – sie ist ein Kreis, der in Klasse E und A mit einem Durchmesser von 10 m geritten wird. In den Aufgaben der Klasse L ist die Volte mit einem Durchmesser von 8 m, in höheren Klassen mit 6 m zu reiten. Der vom Pferd beschriebene Kreisbogen darf nur einen Hufschlag aufweisen, die Hinterhufe fußen in Richtung der Spur der Vorderhufe.
- Aus der Ecke kehrt – dies ist eine Wendung, die zur Hälfte wie eine Volte mit entsprechender Größe geritten wird, zur langen Seite gerade ausläuft und dann an der langen Seite endet.
- Doppelvolte – eine zweimal hintereinander zu reitende Volte in der der Klasse entsprechenden Größe.
- Acht – eine Volte auf der rechten (linken) Hand, der sich sofort eine Volte auf der linken (rechten) Hand anschließt. Sie wird immer im Mittelpunkt der Bahn, bei **X**, ausgeführt. In den Dressuraufgaben der FEI werden Volten von 8 und 10 Metern Durchmesser verlangt.
- Viereck verkleinern und vergrößern – es wird als eine Vorwärts-Seitwärts-Bewegung an der langen Seite geritten. Das Pferd wird vom Wechselpunkt aus vorwärts-seitwärts bis 5 m in die Bahn geführt, über den **HB**-Punkt eine Pferdelänge geradeausgerichtet und vorwärts-seitwärts zum 2. Wechselpunkt der langen Seite zurückgeführt. Das Pferd

Hufschlagfiguren

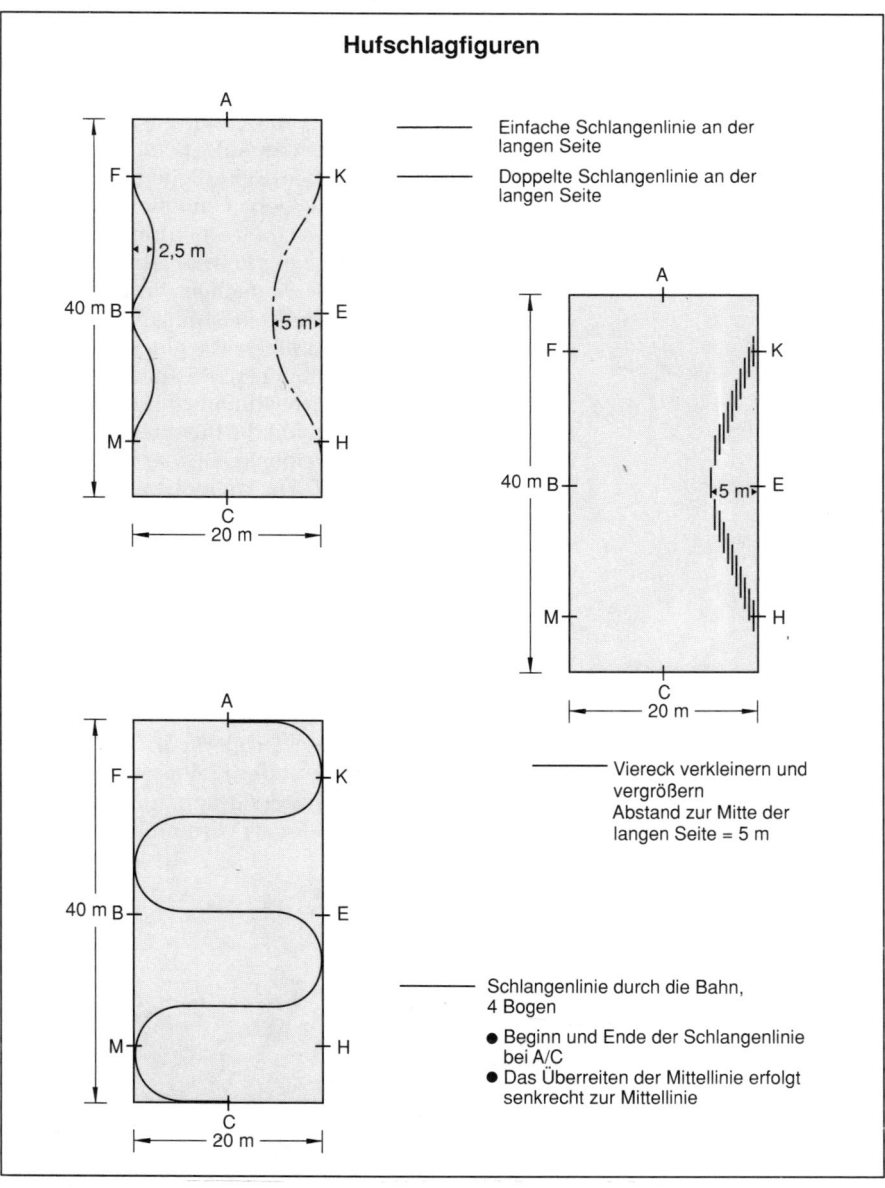

Einfache Schlangenlinie an der langen Seite

Doppelte Schlangenlinie an der langen Seite

Viereck verkleinern und vergrößern
Abstand zur Mitte der langen Seite = 5 m

Schlangenlinie durch die Bahn, 4 Bogen
● Beginn und Ende der Schlangenlinie bei A/C
● Das Überreiten der Mittellinie erfolgt senkrecht zur Mittellinie

muß gegen die Bewegungsrichtung gestellt sein, das innere Hinterbein tritt in Richtung des Schwerpunktes vor. Die Bewegung des Pferdes verläuft nahezu parallel zur langen Seite und ist in sich geradegerichtet.

Wie in allen anderen Sportarten, gibt es auch für den Reitsport ein Reglement, die Leistungsprüfungsordnung, abgekürzt LPO. Gültig ist die Neufassung vom 1.1.1994 sowie das Aufgabenheft 1991. Sie ist von der Deutschen Reiterlichen Vereinigung (FN) verfaßt und herausgegeben und dient der Durchführung von Leistungswettbewerben und Leistungsprüfungen zur Förderung der Pferdehaltung, des Reit- und Fahrsports und der deutschen Pferdezucht. Sie gilt für alle *nationalen* Pferdeleistungsschauen (Turniere) in der Bundesrepublik Deutschland. In der LPO, die Allgemeine Bestimmungen, Besondere Bestimmungn, Durchführungsbestimmungen und eine Rechtsordnung enthält, sind die Pflichten und Rechte der reitsportlichen Vereinigungen, der Veranstalter von Turnieren und der Turnierteilnehmer in allen Einzelheiten geregelt. Die Bestimmungen sind also für alle am Turniersport Beteiligten gleicherweise bindend. Besonders hervorgehoben zu werden verdient, daß alle an einem Turnier beteiligten Personen und Personengemeinschaften zu reiterlicher Haltung gegenüber dem Pferd und zu sportlich-fairer Haltung untereinander verpflichtet sind.

Jeder Reiter, der sich am Turniersport zu beteiligen beabsichtigt, muß sich mit der LPO vertraut machen und eine Verpflichtungserklärung unterzeichnen, nach der er die LPO der FN als verbindlich anerkennt

Heinz Pollay, Olympiasieger 1936 im Dressurreiten und international anerkannter Richter

und sich verpflichtet, stets – auch außerhalb von Turnieren – die anerkannten Ausbildungsgrundsätze, Richtlinien und Beschlüsse der FN zu befolgen, insbesondere Pferde nicht unreiterlich zu behandeln und die Bestimmungen des Tierschutzes einzuhalten. Für internationale Turniere gilt das Règlement Général (RG) der Fédération Equestre International (FEI) (Internationale Reiterliche Vereinigung).

Jeder Turnierteilnehmer muß erwarten können, daß er in seiner Leistung objektiv und gerecht beurteilt wird. Nur dann werden seine Liebe und Passion zum Reitsport erhalten bleiben.

Die Entscheidungen liegen in der Hand der *Richter*. Der Ausbildung des Richters kommt daher ganz besondere Bedeutung zu. Bevor er zum Richteramt zugelassen wird, hat er bei Nachweis festgelegter Grundnormen eigenen reiterlichen Könnens eine mehrjährige Schulung durchzumachen und eine Prüfung abzulegen, die bei Bewährung zur Anerkennung als Richter führt. Er wird dann in die Richterliste, die bei jeder Landeskommission geführt wird, aufgenommen. Umfassendes und lückenloses Wissen, untadeliger Charakter, Gerechtigkeitssinn, Objektivität, Selbstsicherheit ohne Arroganz, Gewandtheit in Wort und Schrift, schnelles Auffassungsvermögen und Blick für das Wesentliche machen den guten und allerorts gern gesehenen Richter aus.

Der Richter erfüllt seine Aufgabe dann, wenn er immer darum bemüht ist, dem Reiter zu helfen und durch seine Arbeit, die ehrenamtlich ist, seinen Beitrag zur Förderung des Reitsports zu leisten.
Jedem Turnierveranstalter ist die Auswahl der Richter, die bei einem Turnier mitwirken sollen, selbst überlassen. Die Teilnehmer haben sich diesen Richtern zu stellen. Von sich aus muß ein Richter das Richten in einer Dressurprüfung und anderen WP/LP mit beurteilendem Richtverfahren ablehnen, wenn hieran Reiter teilnehmen, die er selbst ausgebildet hat oder mit denen er verwandt ist. Dasselbe gilt, wenn zwischen einem Reiter und einem Richter ein Arbeitgeber- oder ein Arbeitnehmerverhältnis besteht oder ein Pferd an der Prüfung teilnimmt, das Eigentum eines Richters ist.

? *Wie werden Dressurprüfungen*
    entschieden ?

Die Anforderungen, die in Dressurprüfungen gestellt
werden, sind im *Aufgabenheft der LPO* niedergelegt. Es
gibt Prüfungen der Klasse E (Eingangsklasse), Klasse
A (Anfängerklasse), Klasse L (Leichte Klasse), Klasse
M (Mittlere Klasse) und Klasse S (Schwere Klasse).

Bei der Bewertung kommt das Richten nach freiem
Ermessen in Anwendung.
Es gibt folgende Wertnoten:

10 = ausgezeichnet	4 = mangelhaft
9 = sehr gut	3 = ziemlich schlecht
8 = gut	2 = schlecht
7 = ziemlich gut	1 = sehr schlecht
6 = befriedigend	0 = nicht ausgeführt
5 = genügend	

Es kommen zur Anwendung:

– das Gemeinsame Richtverfahren,
– das Getrennte Richtverfahren.

Beim *Gemeinsamen Richtverfahren* sitzen die Richter
an einem Tisch und geben nach kurzer Aussprache
gemeinsam eine Wertnote.

Bei diesem Verfahren ist die Verwendung einer Dezimalstelle hinter der vollen Note, z.B. 7.2 oder 6.1,
zulässig.

In Dressurprüfungen der Klassen E und A ist dieses
Verfahren vorgeschrieben. In den höheren Klassen
kann es zur Anwendung kommen. Die Entscheidung
hierüber liegt beim Turnierveranstalter, der das vor-
gesehene Verfahren aber ausdrücklich in der Ausschreibung mitzuteilen hat.
Für jede Prüfung muß eine mündliche oder schriftliche Begründung gegeben werden (Protokoll). Sinn
und Zweck des Protokolls ist es, dem Reiter ein ein-
wandfreies Bild seiner Leistung zu geben und ihm und
seinem Ausbilder dadurch für seine weitere Arbeit zu
helfen.

Beim *Getrennten Richtverfahren* sitzt jeder der in diesem Falle drei Richter an einem eigenen Tisch und gibt seine Wertnote allein. Es findet unter den Richtern keine Aussprache statt. Einer der Richter fertigt ein Protokoll an. Die Wertnoten der einzelnen Richter werden zusammengezählt und durch die Zahl der Richter geteilt. Hieraus ergibt sich die Wertnote, die für die Plazierung maßgebend ist. Ergeben sich für mehrere Teilnehmer gleiche Wertnoten, so werden diese Teilnehmer auf dem gleichen Rang plaziert, wobei die Geldpreise gleichmäßig aufgeteilt werden. Wie schon erwähnt, *kann* dieses Verfahren bei Dressurprüfungen der Klassen L, M, und S angewendet werden. Die Verwendung einer Dezimalstelle nach der vollen Wertnote ist auch hierbei zulässig.

Das Aufgabenheft der LPO läßt für die Dressurprüfungen der Klassen L, M, und S ein weiteres Richtverfahren zu, das *Richten mit Notenbogen.* Es ist dies ebenfalls ein getrenntes Richtverfahren, bei dem für die einzelnen Lektionen der Aufgabe je eine volle Wertnote von 10 bis 0 zu geben ist. Dezimalstellen sind hierbei nicht erlaubt.

Beim Richten nach Notenbogen sind außer der Benotung der einzelnen Lektionen noch Gesamtnoten zu geben. Bei Auslassungen und Verreiten erfolgt ein Abzug.

Die Summe aller Wertnoten ergibt die Gesamtsumme. Die Gesamtsummen aller Richter ergeben die Plazierung.

Beim Richten mit Notenbogen ist es sehr erwünscht, daß jeder Richter möglichst viele Bemerkungen zu den einzelnen Lektionen macht. Bei Wertnoten von 5 und darunter ist schriftliche Begründung vorgeschrieben. Der Reiter soll aus diesen Bemerkungen zweifelsfrei ersehen können, aus welchem Grunde er diese Wertnote erhalten hat.

Wenn auch die LPO das Richten einer Dressurprüfung durch *einen* anerkannten Richter gestattet, so ist doch anzustreben, daß in den Prüfungen mit gemeinsamem Richtverfahren zwei Richter mitwirken, während beim getrennten Richten immer drei Richter vorgeschrieben sind. Bei Vielseitigkeitsprüfungen Kl. A, L oder M in getrenntem Richten sind auch zwei Richter möglich, bei den internationalen Aufgaben der FEI wird meist mit fünf Richtern getrennt mit Notenbogen gerichtet.

	Ausritt und Training	Jagd Jagdpferde-prüfungen	Gelände-prüfungen	Springprüfungen	Dressur-prüfungen	Basis- und Aufbau-prüfungen	Festlichkeiten
Stiefel	zur Stiefelhose: schwarze Stiefel; zur Jodhpurhose: Stiefeletten	zum roten Rock: schwarze Stiefel mit brauner Jagdstulpe; zum schwarzen Rock: schwarze Stiefel	schwarze Stiefel	zum roten Rock: schwarze Stiefel mit brauner Jagdstulpe; zum schwarzen Rock: schwarze Stiefel	schwarze Stiefel od. Lackstulpen	schwarze Stiefel	schwarze Stiefel
Hosen	Stiefelhosen oder Jodhpurhose	weiße oder helle Stiefelhose	weiße oder helle Stiefelhose	weiße oder helle Stiefelhose	weiße oder helle Stiefelhose	weiße oder helle Stiefelhose	weiße Stiefelhose
Jacken	Sportliche Reitjacke oder Pullover	Damen u. Herren: roter oder schwarzer Reitrock	sportliche Reitjacke oder Pullover	Herren: roter Rock oder Reitrock; gedeckter bzw. Reitfrack Damen: gedeckte Reitjacke	schwarzer Reitrock	schwarzer Reitrock	schwarzer Reitrock
Kopf-bedeckungen	Reitkappe oder Sportmütze	Herren: schwarze Reitkappe; Damen: schwarze Reitkappe oder Melone Für Junioren: Bruch- und splittersicherer Reithelm mit Drei- bzw. Vierpunktbefestigung.	sturzfeste Reitkappe oder Sturzhelm	Herren: schwarze Reitkappe; Damen: schwarze Reitkappe	Reitkappe oder Melone bzw. Zylinder	Reitkappe oder Melone	Zylinder oder Melone
Hand-schuhe	Reithandschuhe mit Zügelverstärkung	weiße Leder- oder Strickhandschuhe	naturfarbene Leder-handschuhe	weiße Leder- oder Strickhandschuhe	weiße Leder- oder Strickhandschuhe	weiße Leder- oder Strickhandschuhe	weiße Leder- oder Strickhandschuhe
Krawatten, Plastrons		Plastron mit Nadel oder weiße Krawatte		Pastron mit Nadel oder weiße Krawatte	weiße Krawatte oder Plastron mit Nadel	weiße Krawatte oder Plastron mit Nadel	Plastron mit Nadel
Sporen	zum Stiefel: Schlaufen- oder Anschnallsporen; zur Stiefelette: Anschnallsporen	Schlaufen-sporen	Schlaufen-sporen	Schlaufen-sporen	Schlaufen-sporen	Schlaufen-sporen	Schlaufen-sporen
Gerten, Peitschen	Reitgerte, Reitstock	Reitstock oder Hetzpeitsche	Reitstock	Reitstock oder Reitgerte (bis zu 75cm)	Dressurgerte (bis zu 120cm)	Reitstock oder Reitgerte	Reitgerte, Reitstock

TEIL 3
Vorbereitung und Training
für die praktische Prüfung

Wie die Erfahrung lehrt, scheitern gerade in dieser Teilprüfung Bewerber häufiger, weil ihnen ein wirklich voll geeignetes Pferd nicht zur Verfügung gestellt worden ist. Die Bestimmungen schreiben ausdrücklich vor, daß das Pferd den Anforderungen der Klasse A genügen muß.

Und welche Grundanforderung ist in erster Linie zu erfüllen? Das Pferd muß während der ganzen Aufgabe *sicher am Zügel stehen* und mit schwingendem Rücken gehen, damit der Reiter ruhig, sicher, losgelassen und geschmeidig sitzen kann. Auf guten Sitz wird besonderer Wert gelegt.

Da es sich hier um eine Leistungsprüfung handelt, kann durch die Richter nur das beurteilt werden, was an Leistung gezeigt wird. Die mangelnde reiterliche Qualität eines Pferdes kann nicht dazu führen, die Leistung des Reiters dennoch günstiger zu beurteilen.

Das Reiten ohne Bügel (die Bügel werden vor den Sattel rechts und links vom Pferdehals gelegt) ist ein Prüfstein für den ruhigen und sicheren Sitz des Reiters. Die Abnahme der Prüfung kann einzeln und in der Abteilung erfolgen.

Die Prüfung wird auf einem Reitviereck von 20 mal 40 m in einer geschlossenen Reitbahn oder auf einem offenen Reitplatz geritten. Auf einem offenen Reitplatz müssen das Viereck deutlich umrandet und die verschiedenen Bahnpunkte markiert sein. Die Aufgabe wird kommandiert.

R. H. bedeutet rechte Hand – L. H. bedeutet linke Hand.

Fertigkeit im dressurmäßigen Reiten für das Deutsche Reiterabzeichen Klasse IV und das Deutsche Reiterabzeichen Klasse III in Bronze

Kleines Reiterabzeichen Klasse IV Lektionen Klasse E Beispiel für eine Dressurprüfung (Aufgabe E 5 – einzeln zu reiten)

Einreiten im Arbeitstrab. Im Mittelpunkt halten. Grüßen. Im Arbeitstempo antraben. Linke Hand.

L. H.   An der zweiten, langen Seite einfache Schlangenlinie.

R. H.   Durch die Länge der Bahn wechseln. Mitte der nächsten langen Seite Mittelschritt. Mitte der kurzen Seite im Arbeitstempo antraben und Schlangenlinie durch die Bahn, 3 Bogen, rechts beenden. Mitte der kurzen Seite im Arbeitstempo angaloppieren, auf dem Zirkel geritten (1mal herum). Mitte der kurzen Seite Arbeitstrab.

L. H.   Aus dem Zirkel wechseln. Mitte der kurzen Seite im Arbeitstempo angaloppieren (1mal herum). Mitte der kurzen Seite ganze Bahn. Nächste lange Seite Mittelgalopp. Vor der kurzen Seite Arbeitsgalopp. Mitte der kurzen Seite Arbeitstrab. (In der Halle auf dem zweiten Hufschlag geritten)

R. H.   Mitte der langen Seite halten. Kehrtwendung auf der Vorhand. Im Mittelschritt anreiten. Auf die Mittellinie abwenden. Im Mittelpunkt halten. Grüßen. Im Mittelschritt anreiten. Zügel aus der Hand kauen lassen. Am langen Zügel die Bahn verlassen.

Die nebenstehende Grafik zeigt den Ablauf der Prüfung entsprechend der Aufgabe.

Der korrekte Gruß:

Dressurreiter (auch Springreiter)   Dressurreiterin   Springreiterin

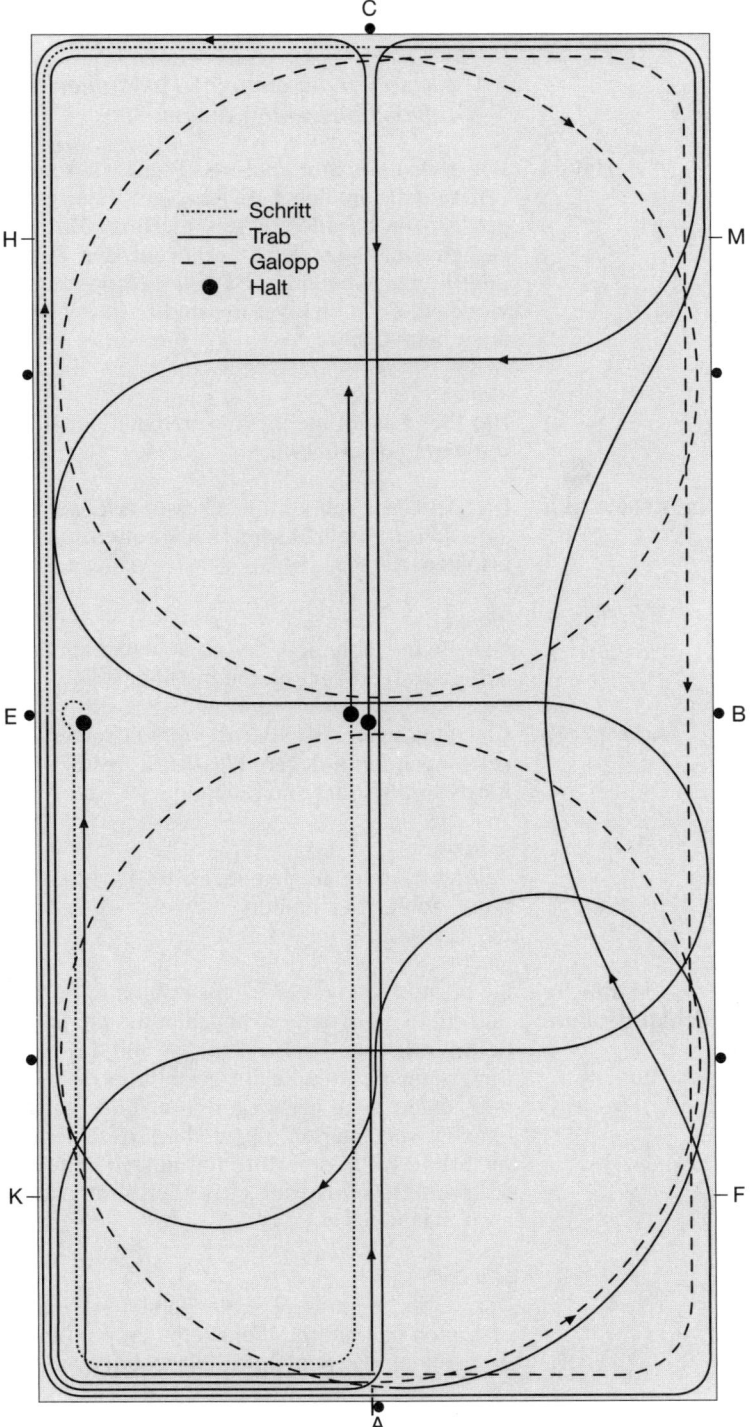

? *Wie sollen die einzelnen Lektionen dieser Aufgabe ausgeführt werden?*

Halten Wie schon erwähnt, muß das Pferd während der ganzen Aufgabe am Zügel stehen. Nach einer geschmeidigen ganzen Parade soll das Pferd im Mittelpunkt so stehen, daß sich der Oberkörper des Reiters über dem Punkt X befindet. Es soll gleichmäßig auf allen vier Beinen, in sich gerade und unbeweglich stehen, auch beim Gruß.

Mängel
Das Pferd bleibt nicht ruhig stehen. Es tritt seitwärts, vorwärts oder rückwärts.

Anreiten im Arbeitstrab Das Anreiten soll vom Fleck weg erfolgen. Der erste Tritt soll ein Trabritt sein. Das Anreiten soll geradeaus erfolgen.

Mängel
Der Reiter kommt erst über einige Schritte zum Arbeitstrab. Er reitet nicht geradeaus an.

Arbeitstrab Gleichmäßiger Arbeitstrab im taktreinen Zweitakt, schwingendem Rücken, Elastizität der Bewegung mit korrekter Stellung und Biegung.

Mängel
Taktfehler oder ungleiche Tritte, Verlust der Anlehnung, Fehler der Stellung, schiefes oder schwankendes Gehen.

Einfache Schlangenlinie Sie beginnt am ersten Wechselpunkt der langen Seite und endet am zweiten Wechselpunkt der langen Seite. Beim Verlassen des Hufschlages soll das Pferd in die Bewegungsrichtung leicht gestellt, in Höhe der Mitte der langen Seite geradegerichtet und danach in die neue Bewegungsrichtung leicht gestellt sein. Der Reiter soll in Höhe der Mitte der langen Seite am weitesten vom Hufschlag der langen Seite entfernt sein, und zwar maximal 5 m.

Mängel
Der Reiter beginnt die Schlangenlinie schon vor oder erst nach dem ersten Wechselpunkt der langen Seite. Er beendet die Schlangenlinie schon vor oder erst

nach dem zweiten Wechselpunkt der langen Seite. Für das genaue Einhalten des vorgeschriebenen Weges ist immer der Oberkörper des Reiters maßgebend. Der Reiter reitet die Schlangenlinie nicht in einer gleichmäßig gebogenen Linie, oder er reitet die Bögen zu flach, oder er entfernt sich zu weit vom Hufschlag der langen Seite. Er versäumt es, sein Pferd zu stellen, geradezurichten und umzustellen.

Durch die Länge der Bahn wechseln

Das Abwenden von der kurzen Seite auf die Mittellinie erfolgt wie beim Einreiten in korrekter Stellung und Biegung, ebenso das Abwenden auf die folgende kurze Seite. Auf der Mittellinie soll das Pferd in sich vollständig gerade sein und das Arbeitstempo gleichmäßig eingehalten werden. Der Reiter soll genau durch den Mittelpunkt der Bahn reiten.

Mängel
Der Reiter wendet zu früh oder zu spät auf die Mittellinie ab. Er stellt und biegt sein Pferd beim Abwenden nicht korrekt. Er reitet auf der Mittellinie schwankend, d.h. er reitet nicht geradeaus, das Pferd verläßt die Mittellinie nach rechts oder links oder nach beiden Seiten. Das Pferd ist in sich nicht gerade.

Der Mittelschritt

Er soll fleißig, raumgreifend und geregelt sein.

Mängel
Es fehlt an Fleiß. Das Pferd gewinnt nicht genügend Boden, d.h. die Hufspuren der Hinterbeine greifen nicht über die der Vorderbeine hinaus; man spricht hier von einem gebundenen Schritt. Die Schritte des Pferdes sind nicht gleichmäßig im Viertakt. Das Pferd eilt.

Schlangenlinien durch die Bahn – drei Bogen –

Die Lektion beginnt bei C, Mitte der kurzen Seite, und endet Mitte der kurzen Seite bei A.
Das Überreiten der Mittellinie erfolgt jeweils senkrecht zur Mittellinie. Die Bögen haben einen Radius von ca. 6,60 m und sollen in korrekter Stellung und Biegung geritten werden. Nach Durchreiten des ersten Bogens in korrekter Stellung und Biegung des Pferdes wird es vor dem Überreiten der Mittellinie geradegerichtet und nach der Mittellinie in die andere Richtung gestellt und gebogen und der betreffende Bogen ausgeführt. Daran schließt sich nach weiterer Umstellung

mit Nachfassen des jeweiligen neuen inneren Zügels der nächste Bogen an, der entsprechend der Zahl der zu reitenden Bögen in engerer oder mehr der Zirkelgröße angepaßter Weite bis kurz vor die Mittellinie reicht. Der letzte Bogen endet schließlich Mitte der kurzen Seite.

Mängel
Die Bögen sind nicht gleichmäßig über das Dressurviereck verteilt; der erste Bogen wird zu spät begonnen; der Reiter reitet mit dem Bogen nicht an den Hufschlag heran; er versäumt, die jeweils notwendige Stellung zu geben, er läßt die Hinterhand ausfallen; die Umstellungen erfolgen erst bei Überreiten der Mittellinie bzw. zu früh vor dem nächsten Bogen.

Das Angaloppieren aus dem Arbeitstrab

Es soll durch eine halbe Parade eingeleitet werden. Es soll erfolgen, wenn sich der Oberkörper des Reiters in Höhe der Mitte der kurzen Seite (Punkt A) befindet. Die Hilfe zum Angaloppieren soll möglichst wenig sichtbar sein.

Mängel
Das Angaloppieren erfolgt zu früh oder zu spät, nicht bei Punkt A. Beim Angaloppieren geht die Anlehnung verloren. Das Pferd galoppiert auf der falschen Hand an. Der Reiter wirkt zu sichtbar ein. Schiefes Angaloppieren.

Arbeitstrab und aus dem Zirkel wechseln

Der Übergang soll fließend und geschmeidig sein und bei Punkt A erfolgen. Der Bogen des Zirkels wird gleichmäßig ausgeführt. Über X steht das Pferd eine Pferdelänge gerade, ehe es in die andere Richtung gebogen und gestellt wird.

Mängel
Auslaufender Übergang zum Arbeitstrab. Die Biegung und Stellung wird auf dem ersten Bogen nicht beibehalten.
Ausfallen der Hinterhand. Hufschlag wird nicht eingehalten. Die Umstellung erfolgt zu früh (zu spät). Es erfolgt keine Umstellung.

Der Mittelgalopp

An der langen Seite ist sofort nach Durchreiten der Ecke der Mittelgalopp zu entwickeln. Dieser soll bis zum Punkt K durchgehalten werden.

Mängel
Der Reiter entwickelt den Mittelgalopp zu spät und pariert zu früh zum Arbeitsgalopp durch. Die Galoppsprünge werden eiliger, aber nicht weiter. Der Rahmen des Pferdes wird nicht erweitert. Das Pferd galoppiert auf zwei Hufschlägen.

Hier gilt dasselbe wie beim Einreiten zu Beginn der Aufgabe. Der Oberkörper des Reiters soll sich genau in der Höhe der Mitte der langen Seite (Punkt B) befinden.

Mitte der langen Seite halten

Mängel
Der Reiter hält nicht bei Punkt B, sondern davor oder dahinter. Er kommt erst über einige Schritte zum Halten. Das Pferd steht nicht gleichmäßig auf allen vier Beinen. Das Pferd steht nicht unbeweglich, sondern tritt zurück oder seitwärts.

Der Reiter stellt sein Pferd rechts und verkürzt etwas den rechten Zügel, der jetzt der innere Zügel ist. Er verlagert sein Gewicht nach innen (rechts). Der innere (rechte) Schenkel, leicht hinter dem Sattelgurt liegend, drückt sodann die Hinterhand Tritt für Tritt um die Vorhand herum, bis die Wendung von 180 Grad vollendet ist. Der äußere (linke) Schenkel, verwahrend hinter dem Sattelgurt liegend, fängt jeden zweiten Tritt der Hinterhand auf, so daß eine Pause eintritt und ein Herumschleudern der Hinterhand vermieden wird. Das Pferd soll in der Wendung nicht vortreten. Der leichtere Fehler ist das Zurücktreten. Die Wendung auf der Vorhand muß in einer geschlossenen Reitbahn, in der der Hufschlag an der Bande verläuft, auf dem zweiten Hufschlag ausgeführt werden, weil das Pferd mit Hals und Kopf an der Bande nicht genügend Platz hat.
Das Reiten auf der Mittellinie, das Halten im Mittelpunkt und der Gruß wurden bereits erläutert. Nach dem Gruß soll der Reiter im Mittelschritt anreiten und die Zügel aus der Hand kauen lassen. Er läßt beide Zügel durch die Hände gleiten, so daß sich das Pferd im Halse völlig vorwärts-abwärts strecken kann.

Kehrtwendung auf der Vorhand

**Kleines Reiter-
abzeichen Klasse IV
Lektionen Klasse E**
Beispiel für eine Dressur-
prüfung (Aufgabe E1—
Abteilung)

Diese Prüfung wird ebenfalls auf einem Reitviereck von 20 mal 40 m geritten. Die Aufgabe wird kommandiert. Die Abteilung besteht aus zwei bis vier Reitern. Als Beispiele können die Aufgaben E1–E3 des Aufgabenheftes 1991 gelten.

R. H.   Auf der rechten Hand im Mittelschritt Abteilung bilden. (Von der kurzen Seite auf die Richter zu). Anfang rechts dreht, links marschiert auf – Marsch. Anfang – Halt (wenn der Anfangsreiter die Verbindungslinie der beiden Punkte E–B erreicht). – Grüßen. Abteilung zu einem rechts bricht ab – Marsch. Mittelschritt. (An der langen Seite) Abteilung im Arbeitstempo – Trab. Auf dem Zirkel geritten (1 1/2mal herum).

L. H.   Aus dem Zirkel wechseln (dann 1mal herum). Abteilung im Arbeitstempo – Galopp – Marsch (1 1/2mal herum). Abteilung im Arbeitstempo – Trab, ganze Bahn. (An der kurzen Seite) Abteilung Schritt, Mittelschritt.

R. H.   Durch die ganze Bahn wechseln. (An der kurzen Seite) Abteilung im Arbeitstempo – Galopp - Marsch (1mal herum). Ganze Bahn. (An der kurzen Seite) Abteilung im Arbeitstempo – Trab. (An der langen Seite) Abteilung Schritt, Mittelschritt. (Von der kurzen Seite auf die Richter zu) Anfang rechts dreht, links marschiert auf – Marsch. Anfang – Halt (wenn der Anfangsreiter die Verbindungslinie E–B erreicht). Grüßen. Im Mittelschritt anreiten. Zügel aus der Hand kauen lassen. Am langen Zügel die Bahn verlassen.

? *Wie sollen die einzelnen Lektionen
ausgeführt werden?*

Das Reiten in der Abteilung stellt an den einzelnen Reiter höhere Anforderungen als beim Einzelreiten. Der Reiter muß nicht nur sein eigenes Pferd beherrschen, sondern darüber hinaus den vorgeschriebenen Abstand zu seinem Vorreiter während der ganzen Aufgabe und in allen Gangarten einhalten. Dem Anfangsreiter, der an der Spitze der Abteilung reitet, fällt die Aufgabe zu, in allen Gangarten ein gleichmäßiges Tempo zu reiten und sich durch gelegentliches kurzes Umsehen davon zu überzeugen, daß ihm die Abteilung im korrekten Abstand folgt. Der Abstand von Reiter zu Reiter beträgt zwei Pferdelängen oder sechs Schritt. Er wird vom Schweif des Vorderpferdes bis zum Kopf des eigenen Pferdes gemessen.

Die Kommandos beim Abteilungsreiten gehen aus dem Text der Aufgabe hervor.

Nachfolgend werden nur die Lektionen erläutert, die in der Aufgabe für das Einzelreiten noch nicht beschrieben worden sind.

Das Einreiten und das Halten im Mittelpunkt

Die Abteilung ordnet sich auf der rechten Hand und reitet von der kurzen Seite aus ein. Der Anfangsreiter wendet bereits eine Pferdelänge (3 Schritt) vor der Mittellinie ab. Der zweite Reiter wendet so ab, daß er genau auf die Mittellinie kommt. Der dritte Reiter wendet eine Pferdelänge (3 Schritt) nach der Mittellinie ab.

Alle drei Reiter reiten geradeaus bis in Höhe des Mittelpunktes der Bahn und halten dort. Sie stehen dann mit einem Zwischenraum von einer Pferdelänge (3 Schritt) in gleicher Höhe nebeneinander.

Das Anreiten

Es erfolgt im Mittelschritt. Der Anfangsreiter reitet zuerst an. Er reitet auf geradem Wege bis zur kurzen Seite und geht dort auf die rechte Hand. Zwei Pferdelängen (6 Schritt) nach dem Anfangsreiter reitet der mittlere Reiter an. Er reitet auf der Mittellinie und wendet an der kurzen Seite auf die rechte Hand ab. Zwei Pferdelängen nach dem mittleren Reiter reitet der linke Reiter an. Er reitet auf geradem Wege bis zur kurzen Seite und geht dort auf die rechte Hand.

Abteilung im Arbeitstempo – Trab

Alle Reiter der Abteilung reiten zur gleichen Zeit im Trab an, der Abstand der Pferde mit zwei Pferdelängen bleibt konstant erhalten. Das Anreiten hat geradeaus zu erfolgen.

Durch die ganze Bahn wechseln – Mittelschritt

Der Reiter soll am Wechselpunkt der langen Seite abwenden, durch den Mittelpunkt der Bahn reiten und am Wechselpunkt der gegenüberliegenden langen Seite ankommen. Er soll geradeaus von Punkt zu Punkt reiten.

Mängel

Der Reiter wendet zu früh oder zu spät von der langen Seite ab. Er reitet nicht geradeaus, sondern schwankend. Er durchreitet nicht den Mittelpunkt der Bahn. Er erreicht die gegenüberliegende lange Seite bereits vor oder erst nach dem Wechselpunkt.

Das Aufmarschieren zur Schlußaufstellung

Der Anfangsreiter wendet auf die Mittellinie ab und reitet nach etwa zwei bis drei Pferdelängen eine Pferdebreite rechts von der Mittellinie bis zum Kommando Halt. Der zweite Reiter reitet auf der Mittellinie. Der dritte Reiter verhält sich wie der Anfangsreiter, reitet jedoch links von der Mittellinie.

Die drei Reiter stehen dann ohne Zwischenräume, d. h. Bügel an Bügel, in gleicher Höhe.

Das Einhalten der korrekten Abstände während der Prüfung ist ein Wertmesser für die Beurteilung der einzelnen Reiter. Die Reiterreihenfolge kann im Verlauf der Prüfung nur auf Anweisung der Richter gewechselt werden.

Wichtig für die Disziplin in der gesamten Abteilung ist es, daß alle Reiter beim Übergang von einer Gangart in eine andere Gangart gleichzeitig reagieren.

Besonderer Wert ist auf guten Sitz zu legen. Maßgebend sind die »Anforderungen an das Reiten in Dressurprüfungen« (siehe § 405 der LPO).

Einige grundlegende Merkmale einer korrekt gerittenen Dressurprüfung

– Ständiges Am-Zügel-Stehen des Pferdes mit feiner Verbindung zwischen Reiterhand und Pferdemaul. Durchlässigkeit.
– Lebendige Ausführung aller Lektionen, wobei das zeitweilige leichte Hinausgehen über das jeweils verlangte Tempo weniger ins Gewicht fällt als das Nichterreichen des jeweils verlangten Tempos.
– Geregelte Grundgangarten.
– Gleichmäßigkeit der Grundgangarten.
– Geschmeidigkeit der Bewegungen.
– Sorgfältiges Ausreiten der Ecken und genaue Einhaltung der Hufschlagfiguren.
– Korrekte Stellung und Biegung auf gebogene Linien.
– Korrekter Sitz und dezente Einwirkung des Reiters.

Fertigkeit im Reiten über Hindernisse

Die Springprüfung kann auf einem offenen Reitplatz oder in einer Reitbahn erfolgen. Bei einem offenen Reitplatz sollte der eigentliche Springplatz mit einer Umzäunung versehen sein.

Auch bei dieser Teilprüfung ist von entscheidender Bedeutung, daß dem Bewerber ein Pferd zur Verfügung steht, das den Anforderungen der Klasse E gerecht wird. Die Bestimmungen der FN sehen vor, daß diese Bedingung erfüllt sein *muß*. Der Reitlehrer oder Ausbilder sollte immer bemüht sein, seinem Schüler ein gehorsames und zuverlässiges Pferd zur Verfügung zu stellen. Auch die Springprüfung ist eine Leistungsprüfung, bei der nur die gezeigte Leistung durch die Richter bewertet werden kann.

Der *Springsitz* wurde bereits beschrieben (siehe S. 34).

Der Reiter hat einen Parcours von acht Hindernissen, davon wenigstens vier unterschiedliche Hindernisse von 0,60 m bis 0,90 m Höhe zu reiten. Der Parcours ist der Gesamtweg von Start bis zum Ziel. Start- und Ziellinie sind durch je 2 Flaggen gekennzeichnet. Das Zeichen zum Start wird durch ein akustisches Signal gegeben. Innerhalb einer Minute muß der Reiter die Startlinie passiert haben. Beim Durchreiten der Ziellinie wird die Zielflagge gesenkt.

? *Wie verhält sich der Reiter während des Parcours?*

Er reitet auf den Springplatz oder in die Reitbahn, nachdem er sein Pferd genügend abgeritten und einen oder mehrere Probesprünge gemacht hat. Er grüßt vor den Richtern.

Sodann trabt er an und geht in den Galopp über. Das Angaloppieren soll so rechtzeitig erfolgen, daß er die Startlinie im Galopp durchreitet. Er soll *senkrecht* auf den ersten Sprung zureiten und auch alle weiteren Sprünge senkrecht anreiten. Das schräge Anreiten eines Sprunges führt leicht zu einem Verweigern des Pferdes und sollte deshalb gerade von nicht so versierten Reitern nicht praktiziert werden.

Während des ganzen Parcours bleibt das Pferd im Galopp. Bei Wendungen soll das Pferd im richtigen Galopp gehen, also Rechtswendung im Rechtsgalopp und Linkswendung im Linksgalopp. Zur eventuell notwendigen Korrektur kann kurz zum Trab durchpariert werden und daraus auf der richtigen Hand wieder angaloppiert werden.

Der Galopp soll während der ganzen Prüfung möglichst gleichmäßig im Tempo sein. Das Pferd soll nicht

Reiter gut in der Bewegung mitgehend

Reiter hinter der Bewegung zurückbleibend, beim Landen zu starke Belastung der Vorhand

davonstürmen. Vor jedem Hindernis soll der Reiter sein Pferd so im Tempo regulieren, daß es den richtigen Absprung findet und das Hindernis sicher überwinden kann.

Entscheidend für die Bewertung der Springprüfung sind Sitz und Verhalten des Reiters. Es wird sein Stil bewertet, und er muß eine Stilnote von mindestens 5,0 oder besser erreichen. Springfehler im Verlauf des Parcours ergeben keine generellen Notenabzüge, ebenso nicht Ungehorsam des Pferdes oder Sturz. Die Prüfung ist jedoch nicht bestanden bei dreimaligem Ungehorsam oder zweitem Sturz.

Ungehorsam des Pferdes (einmal oder gar zweimal) oder Sturz des Reiters im Verlauf des Parcours hat selbstverständlich Einfluß auf die Bewertung, weil der Reiter hierdurch beweist, daß er sein Pferd noch nicht genügend beherrscht.

Zum Ungehorsam zählen Stehenbleiben, landläufig Verweigern genannt, Ausbrechen, Widersetzlichkeit, Volte und korrigiertes Verreiten.

Hat ein Pferd verweigert, ist es dem Reiter gestattet, dem Pferd das Hindernis »zu zeigen«. Hierzu wird das Pferd in ruhiger Weise an das Hindernis, an dem verweigert wurde, herangeritten, beruhigend am Hals oder der Schulter abgeklopft, die Zügel freigegeben und nach einigen Sekunden ruhig abgewendet, nach Zügel aufnehmen und kurzer Vorbereitung zum Sprung erneut angeritten.

Das Auslassen eines Hindernisses oder das Springen des Parcours nicht in der vorgeschriebenen Reihenfolge der Sprünge führt ebenfalls zum Ausschluß.

Ebenso führt zum Ausschluß, wenn der Reiter ein Hindernis, das sein Pferd verweigert hat, nicht nochmals anreitet und dann überwindet. Ein weiterer Ausschließungsgrund liegt vor, wenn der Reiter startet, bevor das Startzeichen gegeben worden ist. Ein Reiter, der die Ziellinie nicht durchreitet, ist ebenfalls ausgeschlossen.

Und schließlich wird ein Reiter ausgeschlossen, wenn er den Aufbau eines Hindernisses, vor dem sein Pferd verweigert hat und das zusammengefallen ist, nicht abwartet und das unvollständig aufgebaute Hindernis springt. Wenn ein Hindernis bei einem Verweigern zusammengefallen ist, so ertönt ein Signal. Erst, wenn wieder ein Signal ertönt, darf der Reiter dieses Hindernis erneut anreiten.

Zum Ausschluß führt auch das Springen eines nicht zum Parcours gehörenden Hindernisses auf dem Platz oder verbotene »Fremde Hilfe«.

Weltklasse im Springreiten – mit Stil und Erfolg demonstriert von dem Engländer John Whitaker auf *Milton*. Die Springtechnik des Pferdes sowie Einwirkung und Sitz des Reiters gelten unter Fachleuten als vorbildlich.

Deutsches Reiterabzeichen Klasse III in Bronze
Beispiel für eine Dressurprüfung Klasse A (einzeln zu reiten)

Während für das Kleine Reiterabzeichen Klasse IV Lektionen aus der Klasse E, meist im Abteilungsreiten, verlangt werden, ist für die Prüfung der Fertigkeit im dressurmäßigen Reiten für das DRA III das Vorreiten einer Dressuraufgabe Klasse A lt. Aufgabenheft im Einzelreiten vorgeschrieben.

Es wird hierbei die Prüfung auf einem geeigneten Pferd verlangt, als Zäumung ist Trense ohne Hilfszügel vorgeschrieben.

Besonderer Wert ist auf guten Sitz und korrekte Einwirkung zu legen.

A–X	Einreiten im Arbeitstrab. Im Mittelpunkt halten. Grüßen.
X	Im Arbeitstempo antraben.
C	Linke Hand.
A	Mitte der kurzen Seite halten. Im Arbeitstempo antraben.
F–X–H	Durch die ganze Bahn wechseln.
C	Mitte der kurzen Seite eine Volte (10 m).
B	Mitte der langen Seite Mittelschritt.
K–H	An der nächsten langen Seite Viereck verkleinern und vergrößern.
C	Mitte der kurzen Seite antraben.
C–X	Auf dem Zirkel geritten (1/2mal herum).
X–C–X–C	Im Mittelpunkt im Arbeitstempo angaloppieren (1 1/2mal herum).
C	Mitte der kurzen Seite Arbeitstrab.
C–X–A	Aus dem Zirkel wechseln. Bei Erreichen des Hufschlages im Arbeitstempo angaloppieren.
A	Ganze Bahn.
H–K	An der langen Seite Mittelgalopp.
Zwischen K und A	Im Arbeitstempo.
A	Mitte der kurzen Seite Arbeitstrab.
F–X–H	Im Mitteltrab durch die ganze Bahn wechseln.
H	Am Wechselpunkt Arbeitstrab.
C	Mitte der kurzen Seite halten. Eine Pferdelänge rückwärts richten, daraus im Mittelschritt anreiten und im Arbeitstempo antraben.
B–E–B	Auf dem Mittelzirkel geritten (1mal herum), leichttraben, dabei (zwischen B und E) Zügel aus der Hand kauen lassen. (Zwischen E und B) Aussitzen, Zügel wieder aufnehmen.
B	Ganze Bahn.

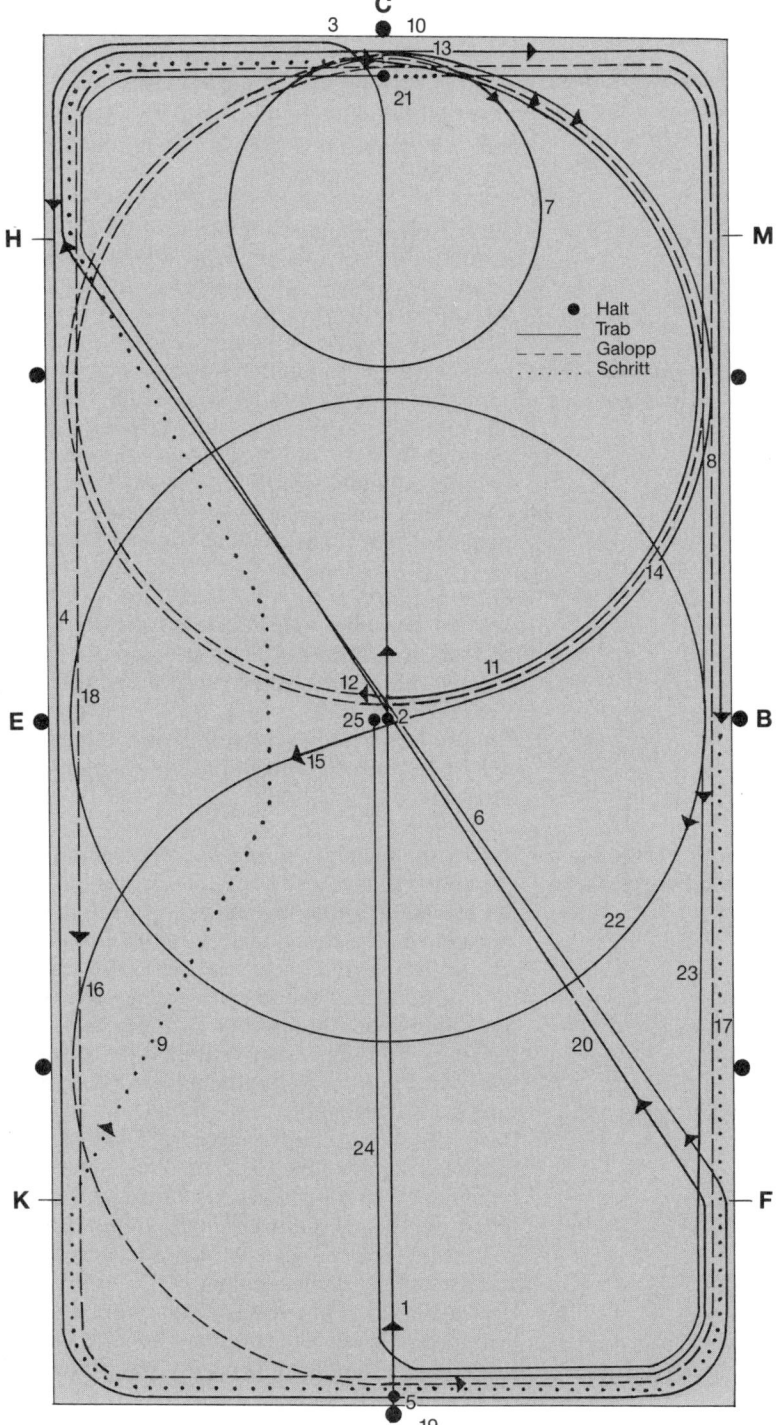

A Auf die Mittellinie abwenden.
X Im Mittelpunkt halten. Grüßen. Im Mittelschritt anreiten, Zügel aus der Hand kauen lassen. Am langen Zügel die Bahn verlassen.

Die Ausführung einer Reihe von Lektionen, die in Klasse A zur Bewertung kommen, wurden schon in der Klasse E auf Seite 71 ff. beschrieben, weitere Lektionen sind hier besprochen:

Die Volte von 10 Meter Durchmesser

Sie soll durch eine halbe Parade eingeleitet werden. Der Reiter wendet von der langen Seite ab, wenn sich sein Oberkörper in Höhe der Mitte der langen Seite befindet. Er stellt und biegt sein Pferd rechts und reitet in gleichmäßigem Tempo einen Kreisbogen, der genau dort endet, wo er begonnen hat. Nach Beendigung der Volte wird das Pferd wieder geradegerichtet.

Mängel
Der Reiter wendet zu früh oder zu spät ab. Er reitet die Volte zu groß oder zu klein. Er versäumt es, sein Pferd korrekt zu stellen und zu biegen. Er reitet die Volte nicht kreisrund. Er reitet nicht in gleichmäßigem Tempo. Das Pferd »schleudert« mit der Hinterhand, weil der äußere Schenkel des Reiters nicht genügend einwirkt.

Viereck verkleinern und vergrößern

Der Reiter beginnt am ersten Wechselpunkt der langen Seite mit geringer Kopfstellung des Pferdes gegen die Bewegungsrichtung auf zwei Hufschlägen, die bis zu einem Schritt voneinander entfernt sind, vorwärtsseitwärts zu reiten. Dazu sitzt der Reiter vermehrt zur inneren Seite und drückt mit dem inneren Schenkel in das Innere der Bahn. Der äußere Schenkel sorgt zusammen mit den Gewichtshilfen für die nötige Vorwärtsbewegung und verhindert eine zu starke Abstellung der Hinterhand.
Das Viereckverkleinern endet mit Erreichen des Pferdekopfes auf der HB-Linie, 5 m in das Innere der Bahn hinein entfernt. Dort wird das Pferd etwa eine Pferdelänge geradeaus geritten, dann umgestellt und in gleicher Weise umgekehrt mit Viereck vergrößern zum Hufschlag zurückgeführt.
Der Hufschlag sollte vor der zweiten Ecke der langen Seite erreicht werden. Das Pferd soll etwa parallel zur langen Seite gerichtet sein, d.h. die Hinterhand darf

beim Verkleinern nicht näher an der Wand sein als die Vorhand.

Mängel
Zu frühes Abwenden direkt aus der Ecke heraus; falsche Stellung des Pferdes in die Bewegungsrichtung; zu starke Abstellung, so daß die Hinterhand vorausgeht; zu wenig Tendenz nach vorwärts, wodurch die 5-m-Linie zu früh erreicht wird; fehlende Umstellung zum Viereck vergrößern.

Der Mitteltrab

Der Übergang zum Mitteltrab soll sofort nach dem Abwenden vom Hufschlag entwickelt werden. Der Mitteltrab muß bis kurz vor den Wechselpunkt H durchgehalten werden, der Übergang zum Arbeitstrab soll deutlich sichtbar werden durch eine Veränderung des Gangmaßes. Wichtig sind eine deutliche Erweiterung des Rahmens, Schwungentwicklung aus der Hinterhand, größerer Raumgriff bei verbesserter relativer Aufrichtung.

Mängel
Der Reiter entwickelt den Mitteltrab schon aus der Ecke oder zu spät. Es gelingt ihm nicht, Rahmenerweiterung und Tempo zu erreichen. Die Tritte des Pferdes werden eiliger, nicht aber raumgreifender. Die Anlehnung wird aufgegeben. Gespannte Tritte und hackige Bewegungen täuschen Selbsthaltung und Schwung vor.

Rückwärtsrichten

Das Rückwärtsrichten wird durch Anspannen des Kreuzes, leichtes Zurücknehmen der Unterschenkel und Annehmen beider Zügel (Einrunden beider Zügelfäuste nach innen) bewirkt.
Das Pferd soll in gleichmäßigen Diagonaltritten willig rückwärts treten und dabei die Beine deutlich vom Boden abheben. Es soll sich hierbei auf *einem* Hufschlag bewegen. Eine Pferdelänge entspricht drei bis vier Tritten. Nach dieser Lektion soll das Pferd ruhig stehen. Hier kommt es auf die Einhaltung der verlangten Trittzahl an.

Mängel
Das Pferd wehrt sich gegen die Reiterhand und kommt über oder hinter den Zügel. Es ist undurchlässig. Das Pferd ist eilig.

Die Vorderbeine des Pferdes oder dessen Hinterbeine oder beide Beinpaare schleifen über den Boden. Das Pferd weicht mit der Hinterhand seitwärts aus.

Beim Rückwärtsrichten einer Pferdelänge ist es als Fehler anzusehen, wenn weniger als 2 Tritte oder mehr als 4 Tritte rückwärts gerichtet werden, bei genauer Angabe der zurückzurichtenden Tritte ist eine andere Zahl (als hier 4) zu kritisieren.

Schlangenlinien durch die ganze Bahn

Hier wird die Zahl der zu reitenden Bögen vorgeschrieben, beim Viereck 20 x 40 m meist drei oder vier Bögen.

Die Schlangenlinien durch die ganze Bahn beginnen und enden jeweils Mitte der kurzen Seite bei A oder C. Das Überreiten der Mittellinie erfolgt jeweils senkrecht zur Mittellinie.

Nach Durchreiten des ersten Bogens in korrekter Stellung und Biegung des Pferdes wird es vor dem Überreiten der Mittellinie geradegerichtet und nach der Mittellinie in die andere Richtung gestellt und gebogen und der betreffende Bogen ausgeführt. Daran schließt sich nach weiterer Umstellung mit Nachfassen des jeweiligen neuen inneren Zügels der nächste Bogen an, der entsprechend der Zahl der zu reitenden Bögen in engerer oder mehr der Zirkelgröße angepaßter Weite bis kurz vor die Mittellinie reicht. Der letzte Bogen endet Mitte der kurzen Seite.

Mängel
Die Bögen sind nicht gleichmäßig über das Dressurviereck verteilt; der erste Bogen wird zu spät begonnen; der Reiter reitet mit dem Bogen nicht an den Hufschlag heran; er versäumt, die jeweils notwendige Stellung zu geben, er läßt die Hinterhand ausfallen; die Umstellungen erfolgen erst bei Überreiten der Mittelinie bzw. zu früh vor dem nächsten Bogen.

Zügel aus der Hand kauen lassen, Zügel wieder aufnehmen

Bei gleichbleibendem Gangmaß des Pferdes werden die Hände soweit geöffnet, daß das Pferd unter Kaubewegungen die Zügel durch die leicht geöffneten Finger zieht. Der Hals streckt sich nach vorn abwärts. Die Verbindung zum Pferdemaul wird nicht aufgegeben. Bei vermehrter Gewichtshilfe und leicht treibendem Schenkel wird das Pferd wieder an den Zügel herangeritten, das Zügelmaß bis zur vollen Anlehnung verkürzt.

Mängel
Die Zügel werden sofort hingegeben. Das Pferd zieht die Zügel heftig aus der Hand. Es streckt sich nicht nach vorne abwärts. Es stürmt weg und hält den Takt nicht ein. Beim Aussitzen verliert das Pferd den Takt. Das Wiederaufnehmen erfolgt mit Widersetzlichkeit.

Fertigkeit im Reiten über Hindernisse

Der Reiter muß einen Parcours nach den Anforderungen einer »Stilspringprüfung Klasse A mit Standardanforderungen« überwinden. Die möglichen Parcours sind vorgegeben, die Höchsthöhe der Hindernisse beträgt dabei 1,10 m, die Weite bis zu 1,40 m. Für die Bewertung gelten die im »Merkblatt zum Richten von Stilspringprüfungen mit Standardanforderungen« niedergelegten Grundsätze.

Die Standardanforderungen sind:
– Reiten über Einzelhindernisse,
– Reiten über Hindernisfolgen mit festgelegten Distanzen (passende Distanzen; keine Distanzprobleme),
– Reiten von Kombinationen,
– Reiten von Wendungen,
– Handwechsel,
– Übergänge von Gangart zu Gangart, ggf. auch zum Halten,
– Erfüllung genauer Aufgaben wie Rechtsgalopp, Handwechsel, Trab, 5 Galoppsprünge u. a.

Die Kriterien zur Bewertung des Springstils sind bereits auf S. 34 ff. bzw. S. 82 ff. erläutert, deshalb hier nur eine Kurzzusammenfassung:

Sitz: Entlastungssitz – Verschnallung der Bügel, Vorneigung des Oberkörpers, Verminderung des Drucks auf die Gesäßknochen, Übertragung des Gewichtes über Oberschenkel und Knie auf die Seite des Pferdes; Gesäß bleibt im Sattel, geschmeidige Mittelpositur; federndes Mitgehen und Abfangen des Reitergewichtes.
Leichter Sitz – Weitere Entlastung des Pferderückens und geschmeidiges Mitgehen des Reiters mit den Bewegungen des Pferdes; festanliegende Wade, tiefer Absatz, Oberkörper bleibt vor der Senkrechten, Gesäß leicht angehoben, stärkste Ausprägung jeweils über den Hindernissen.

Stilspringprüfung mit
Standardanforderungen

20 x 40m
Halle (Mindestmaß)

Standardanforderungen:
Nach Hindernis 2 an vorge-
gebener Stelle Übergang
zum Trab (Leichttraben,
Anreitephase zu 3 a, aussitzen, Entlastungssitz).

Nach Hindernis 3 b im
Rechtsgalopp weiter über
Hindernis 4 und danach
Parcours fortsetzen.

Bei Durchreiten der Ziellinie
Übergang zum Trab (Leichttraben) und auf vorgegebe-
nem Weg (gestrichelte Linie)
durch die Bahn wechseln,
aussitzen, Übergang zum
Schritt und Zügel aus der
Hand kauen lassen.

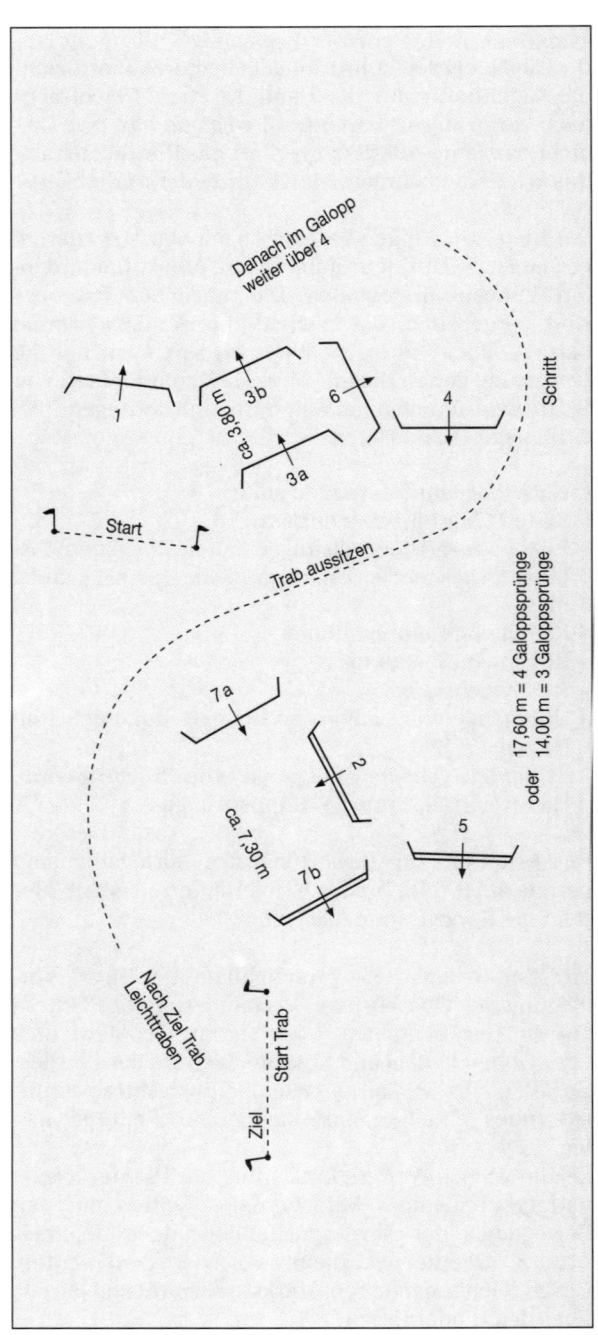

Sitzfehler: Reiter vor der Bewegung – Bügel zu lang, Unterschenkel zu weit zurück, hochgezogener Absatz; Reiter über dem Pferd – Gesäß zu hoch, hochgezogener Absatz, vorgeworfener Oberkörper; Reiter hinter der Bewegung – Oberkörper zu weit zurück, vorgestreckter Unterschenkel, hohe rückwärts wirkende Hand; schiefe oder drehende Sitzpositur, runder Rükken.

Einwirkung: Anreiten der Hindernisse
– richtiges Grundtempo, rhythmisches Galoppieren
– Mitte der Hindernisse anreiten, richtige Absprungdistanz, gerades Landen
Reiten bei festgelegten Distanzen
– rhythmisches Reiten der verlangten Galoppsprungzahl, Fähigkeit der Verlängerung oder Verkürzung der Galoppsprunglänge, um die Zahl der geforderten Sprünge beizubehalten
Reiten von Kombinationen
– richtiges Anreiten des ersten Hindernisses, harmonisches Weiterreiten in der vorgeschriebenen Galoppsprungzahl
Reiten von Wendungen
– im Handgalopp, am vorherrschenden äußeren Zügel
Handwechsel
– fliegender Galoppwechsel erwünscht, in Klasse A auch Wechsel über Trab möglich
Übergänge von Gangart zu Gangart bzw. Halten
– Zusammenwirken der Hilfen, durchlässige Reaktion des Pferdes.

**Fertigkeit im dressur-
mäßigen Reiten**

Die Anforderungen für das Deutsche Reiterabzeichen Klasse II in Silber liegen gegenüber dem DRA III in Bronze um eine Klasse höher. Die Anforderungen liegen im Bereich der Klasse L, die Zäumung der Pferde ist auf Kandare mit Unterlegtrense. Auch hier muß das Pferd den Anforderungen dieser Klasse genügen, also die geforderten Lektionen beherrschen. Der Bewerber muß eine Wertnote von 6,5 oder besser erreichen.

**Deutsches Reiter-
abzeichen Klasse II
in Silber**
Beispiel für eine Dressurprüfung Klasse L

Entscheidende Voraussetzung für eine erfolgreiche Prüfung ist auch hier, daß das Pferd während der ganzen Prüfung sicher *am Zügel* steht. Die Anforderungen sind hier deutlich höher, denn der Reiter muß eine Wertnote von 6,5 oder besser erreichen.

A–X   Einreiten im Arbeitsgalopp. Im Mittelpunkt halten. Gruß.
Im versammelten Tempo antraben.

C   Rechte Hand (1/2mal herum).

A   Durch die Länge der Bahn wechseln.

C   Linke Hand.

E   Mitte der nächsten langen Seite eine Volte (8 m Durchmesser).

F–X–H   Im Mitteltrab durch die ganze Bahn wechseln.

H   Versammelter Trab.

C   Mitte der kurzen Seite (vor den Richtern) halten. 4 Tritte rückwärts richten. Im Mittelschritt anreiten (1/2mal herum).

A   Auf die Mittellinie abwenden.

X   Im Mittelpunkt in versammeltem Tempo rechts angaloppieren.

C   Rechte Hand.

F   Aus der zweiten Ecke der ersten langen Seite kehrt ohne Wechsel.

C   Mitte der kurzen Seite (vor den Richtern) einfacher Galoppwechsel.

K   Aus der zweiten Ecke der ersten langen Seite kehrt ohne Wechsel.

C   Mitte der kurzen Seite (vor den Richtern) einfacher Galoppwechsel.

C–A   Mittelgalopp (1/2mal herum).

A   Mitte der kurzen Seite versammelter Trab.

E   An der nächsten langen Seite eine Volte.

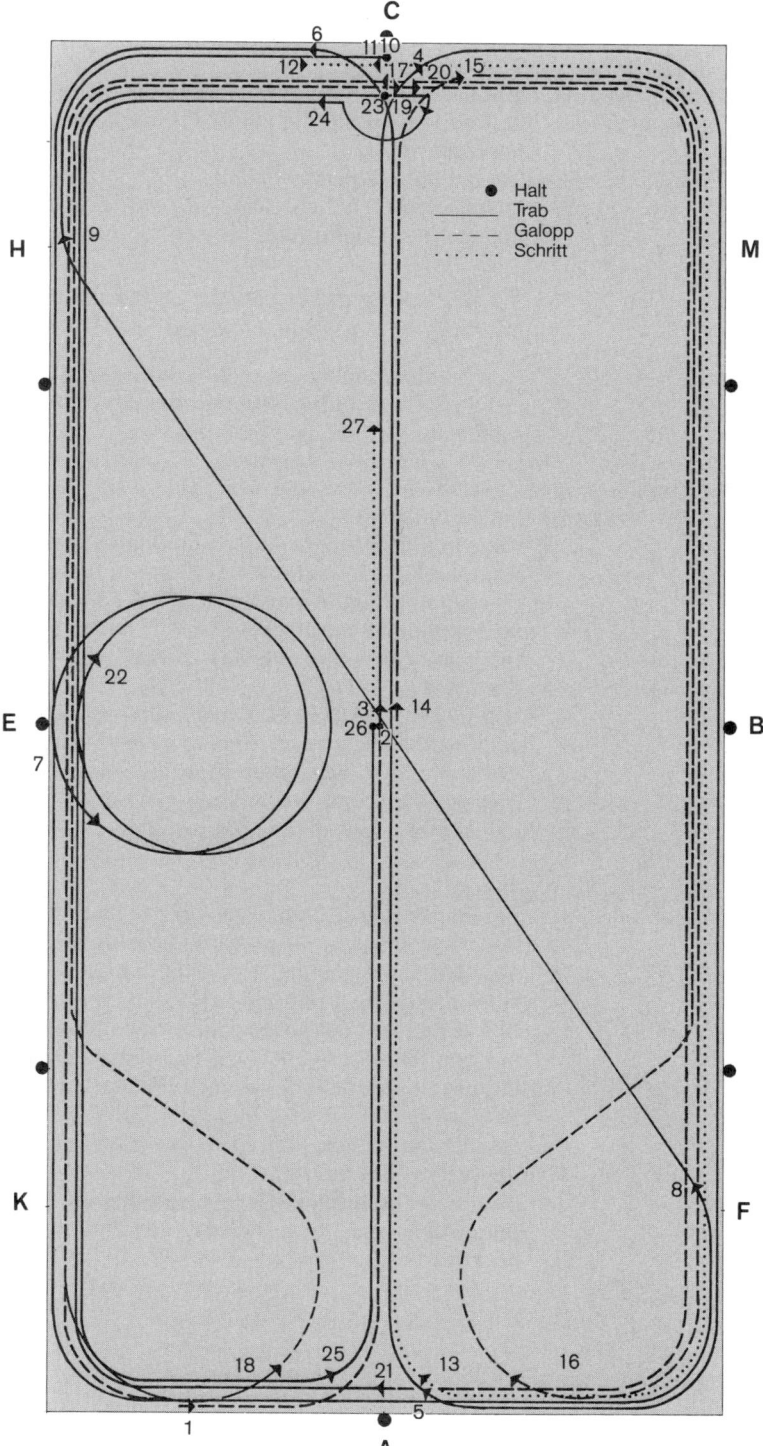

C

H   M

● Halt
—— Trab
– – Galopp
······ Schritt

E ●   ● B

K   F

A

C   Mitte der nächsten kurzen Seite (vor den Richtern) halten. Kehrtwendung auf der Hinterhand. Im Mitteltrab anreiten.

A   Auf die Mittellinie abwenden.

X   Im Mittelpunkt halten. Gruß. Im Mittelschritt anreiten. Zügel aus der Hand kauen lassen.

? *Wie sollen die einzelnen Lektionen dieser Aufgabe ausgeführt werden?*

Es wird hierauf verzichtet, die Lektionen, die an anderer Stelle bereits beschrieben wurden, nochmals zu erläutern.

Das Einreiten im Arbeitsgalopp

Es ist dem Reiter hier überlassen, im Rechts- oder Linksgalopp einzureiten. Das Abwenden zur Mittellinie von der Mitte der kurzen Seite soll in Form einer Viertelvolte mit korrekter Stellung und Biegung des Pferdes erfolgen. Auf der Mittellinie soll das Pferd in sich gerade sein, d. h. auf *einem* Hufschlag galoppieren. Eine feine Stellung des Pferdes nach innen ist gestattet.

Das Halten im Mittelpunkt soll aus dem Galopp erfolgen. Nach der ganzen Parade zum Halten soll das Pferd bis zum Wiederanreiten unbeweglich stehen. Das Anreiten zum versammelten Trab soll unmittelbar aus dem Halten erfolgen.

Mängel

Der Reiter wendet von der kurzen Seite zu früh ab oder er wendet zu spät ab und kommt dadurch über die Mittellinie hinaus. Er reitet auf der Mittellinie schwankend. Er stellt und biegt sein Pferd nicht beim Abwenden von der kurzen Seite. Das Pferd galoppiert auf der Mittellinie auf zwei Hufschlägen. Die ganze Parade aus dem Galopp zum Halten vollzieht sich über einige Trabtritte. Das Pferd steht beim Halten schief. Der Reiter hält nicht bei Punkt X, sondern davor oder dahinter.

Der Reiter entwickelt den versammelten Trab nicht unmittelbar aus dem Halten, sondern über einige Schritte.

Der Übergang vom Arbeitstrab zum versammelten Trab soll deutlich hervortreten. Die Tritte des Pferdes sollen schwungvoller, die Hinterhand mehr engagiert sein. Das Tempo soll geringer als das im Arbeitstempo sein. Der versammelte Trab soll sich durch Frische auszeichnen. Der Rahmen soll etwas enger sein, d.h. das Pferd soll etwas mehr aufgerichtet sein.

Im versammelten Trab durch die Länge der Bahn wechseln

Mängel
Der Übergang zum versammelten Trab wird nicht sichtbar. Die Hinterbeine des Pferdes zeigen keine vermehrte Aktivität. Die Bewegungen des Pferdes werden nicht schwungvoller, weil der Reiter nicht genügend einwirkt.

1 Gerades Pferd

2 Gerades Pferd, aber verdeckte Fäuste des Reiters

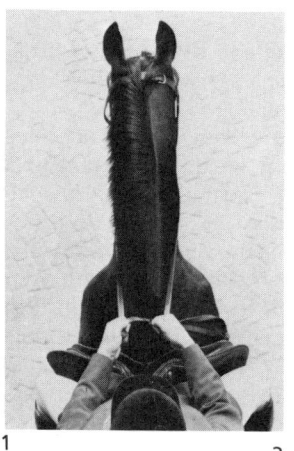

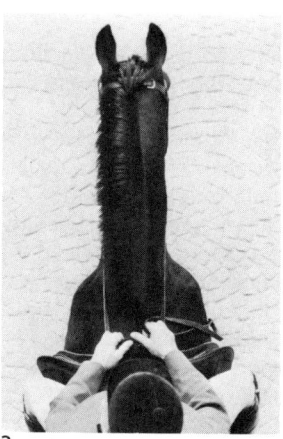

3 Korrekte Biegung und Stellung, die Zügelfäuste fälschlich links vom Widerrist

4 Keine Biegung im Hals, Pferd im Widerrist abgeknickt, keine Stellung, im Genick leicht nach links verworfen

Mitte der langen Seite eine Volte

Sie soll durch eine halbe Parade eingeleitet werden. Der Reiter wendet von der langen Seite ab, wenn sich sein Oberkörper in Höhe der Mitte der langen Seite befindet. Er stellt und biegt sein Pferd rechts und reitet in gleichmäßigem Tempo einen Kreisbogen, der genau dort endet, wo er begonnen hat. Nach Beendigung der Volte wird das Pferd wieder geradegerichtet.

Mängel
Der Reiter wendet zu früh oder zu spät ab. Er reitet die Volte zu groß oder zu klein. Er versäumt es, sein Pferd korrekt zu stellen und zu biegen. Er reitet die Volte nicht kreisrund und nicht in gleichmäßigem Tempo. Das Pferd »schleudert« mit der Hinterhand, weil der äußere Schenkel des Reiters nicht genügend einwirkt.

Die Volte

Hier wird die Volte, die bereits in Klasse A beschrieben wurde, mit einem Durchmesser von 8 m verlangt.

Das Rückwärtsrichten vor den Richtern

Das Rückwärtsrichten wird durch Anspannen des Kreuzes, leichtes Zurücknehmen der Unterschenkel und Annehmen beider Zügel (Einrunden beider Zügelfäuste nach innen) bewirkt.

Das Pferd soll in gleichmäßigen Diagonaltritten willig rückwärts treten und dabei die Beine deutlich vom Boden abheben. Es soll sich hierbei auf *einem* Hufschlag bewegen. Eine Pferdelänge entspricht drei bis vier Tritten. Nach dieser Lektion soll das Pferd ruhig stehen. Hier kommt es auf die Einhaltung der verlangten Trittzahl an.

Mängel
Das Pferd wehrt sich gegen die Reiterhand und kommt 'über oder hinter den Zügel. Es ist undurchlässig. Das Pferd ist eilig.

Rückwärtsrichten

richtig   falsch   falsch

Die Vorderbeine des Pferdes oder dessen Hinterbeine oder beide Beinpaare schleifen über den Boden. Das Pferd weicht mit der Hinterhand seitwärts aus.
Beim Rückwärtsrichten einer Pferdelänge ist es als Fehler anzusehen, wenn weniger als 2 Tritte oder mehr als 4 Tritte rückwärts gerichtet werden, bei genauer Angabe der zurückzurichtenden Tritte ist eine andere Zahl (als hier 4) zu kritisieren.

Der versammelte Galopp

Dieser soll sich gegenüber dem Arbeitsgalopp durch mehr Schwung und Erhabenheit auszeichnen. Die Hinterbeine des Pferdes sollen stärker engagiert sein, sie sollen mehr Gewicht aufnehmen. Die Galoppsprünge sollen fleißig und geschmeidig sein. Im versammelten Galopp soll das Pferd weniger Boden als im Arbeitsgalopp gewinnen, sein Rahmen etwas enger sein.

Das Kehrt aus der Ecke ohne Wechsel

Der Reiter soll tief in die Ecke hineinreiten, dann auf dem Bogen einer halben Volte von 8 m Durchmesser wenden und danach auf geradem Wege die lange Seite erreichen. In der Wendung soll das Pferd nach innen gestellt und gebogen sein. Mit Erreichen des Hufschlages kommt der Reiter in den *Außengalopp*. Im Außengalopp soll das Pferd leicht nach außen gestellt, aber niemals gebogen sein. Auch beim Durchreiten der Ecke (man rundet sie etwas ab) soll die Außenstellung erhalten bleiben. Das Pferd soll auf *einem* Hufschlag galoppieren.

Mängel
Der Reiter reitet die Kehrtwendung zu groß oder zu eng. Er versäumt es, sein Pferd korrekt zu stellen und zu biegen. Er kommt zu spät oder zu früh auf dem Hufschlag der langen Seite an.
Der Reiter übertreibt die Stellung des Pferdes und biegt es. Das Pferd galoppiert auf zwei Hufschlägen und schleudert in der Ecke mit der Hinterhand. Die Versammlung geht verloren, die Galoppsprünge verlieren Schwung und Erhabenheit.

Der einfache Galoppwechsel

Zweimal wird Mitte der kurzen Seite vor den Richtern ein einfacher Galoppwechsel verlangt. Die Parade vom Galopp zum Schritt soll sicher und weich erfolgen. Nach drei bis fünf klaren Schritten wird entschlossen wieder angaloppiert. Eine deutliche neue Stellung muß erkennbar sein.

Mängel
Der Reiter pariert nicht zum Schritt durch, sondern kommt erst über einige Trabtritte zum Schritt, aus dem er dann erneut angaloppiert. Der Reiter pariert nicht zum Schritt durch, sondern zum Trabe und galoppiert aus dem Trabe erneut an. Der Reiter pariert zwar zum Schritt durch, galoppiert aber erst nach mehr als fünf Schritten an. Der Reiter versäumt es, sein Pferd entsprechend der neuen Zirkellinie zu stellen und zu biegen. Das Pferd galoppiert falsch oder auf zwei Hufschlägen an.

Der Mittelgalopp von C nach A

Nach dem einfachen Galoppwechsel bei C muß der Reiter den Mittelgalopp sofort entwickeln, so daß er bereits auf der kurzen Seite im Mittelgalopp reitet. Dieser muß bis zum Punkt A durchgehalten werden, d. h. der Reiter muß auch die Ecke von Punkt A im Mittelgalopp durchreiten. Hierbei ist es ihm gestattet, die Ecke etwas abzurunden.

Mängel
Der Reiter entwickelt den Mittelgalopp zu spät und pariert zu früh zum Arbeitsgalopp durch. Die Galoppsprünge werden eiliger, aber nicht weiter. Der Rahmen des Pferdes wird nicht erweitert. Das Pferd galoppiert auf zwei Hufschlägen.

Die Kehrtwendung auf der Hinterhand
Der Reiter soll das Pferd zunächst nach der Seite der Wendung stellen. Er verlegt sein Gewicht vermehrt auf den inneren Gesäßknochen. Mit Gewichts- und Schenkelhilfen veranlaßt er das Abfußen des inneren Hinterfußes leicht nach vorwärts, wobei gleichzeitig beide Zügel die Vorhand schrittweise um die Hinterhand herumführen. Drehpunkt soll der innere Hinterfuß sein, der sich, taktmäßig abfußend, auf einem kleinen Kreisbogen bewegen soll. Der verwahrend eingesetzte äußere Schenkel soll verhindern, daß der äußere Hinterfuß des Pferdes ausfällt, d.h. nach außen schleudert. Der äußere Hinterfuß soll einen etwas größeren Kreisbogen als der des inneren Hinterfußes beschreiben. Nach Vollendung der Wendung, bei der sich das Pferd nur bis etwa um seine Breite von der Bande entfernt hat, soll das Pferd vorwärts-seitwärts auf den Hufschlag zurückgeführt werden und danach unbeweglich stehen. Die Hinterhand-

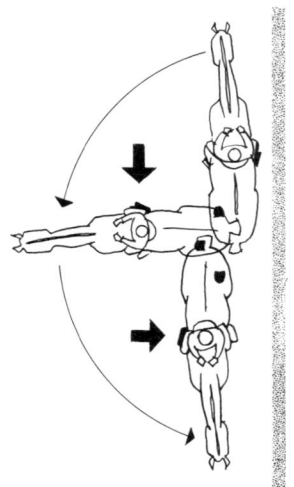

Wendung auf der Hinterhand

wendung soll in jeder Phase den Drang nach vorwärts erkennen lassen.

Mängel
Der Reiter versäumt es, sein Pferd korrekt zu stellen. Er sitzt fälschlich nach außen und knickt in der Hüfte ein. Das Pferd tritt zu Beginn der Wendung zurück. Die Wendung wird zu groß angelegt. Das Pferd fußt mit den Hinterbeinen nicht regelmäßig ab, sondern dreht um den inneren Hinterfuß. Das Pferd tritt während der Wendung zurück. Es steht nach Ausführung der Wendung nicht ruhig.

Der Mitteltrab

Er folgt nach der Kehrtwendung auf der Hinterhand vor den Richtern, d. h. nach vollendeter Wendung aus dem Halten. Wenn der Übergang auch etwas fließend sein kann, so muß der Reiter doch schon auf der kurzen Seite den Mitteltrab entwickelt haben. Er darf die erste Ecke der langen Seite etwas abrunden und ebenso in der zweiten Ecke der langen Seite und beim Abwenden auf die Mittellinie von der kurzen Seite verfahren. Der Mitteltrab muß bis zum Mittelpunkt der Bahn, Punkt X, durchgehalten werden. Wichtig ist die korrekte Stellung und Biegung des Pferdes in den beiden Ecken der langen Seite und beim Abwenden auf die Mittellinie. Der Übergang zum Halten bei Punkt X soll mit deutlichem Engagement der Hinterhand und geschmeidig erfolgen.

Fertigkeit im Reiten über Hindernisse

Wie in der Dressurprüfung liegen auch hier die Anforderungen deutlich höher als beim Deutschen Reiterabzeichen in Bronze. Der Reiter/die Reiterin muß einen Parcours für ein Stilspringen mit Standardanforderungen Klasse L reiten, diesen beenden und eine Stilnote von 6,5 oder besser erreichen. Eventuelle Abzüge für Vorkommnisse im Parcours, für Abwürfe und Verweigerungen werden nicht in Abzug gebracht, doch scheidet ein dritter Ungehorsam oder Sturz aus. Die Höhe der Hindernisse beträgt zwischen 1,10 m und 1,20 m, die Weite 1,30 m bis 1,50 m.
Für die Bewertung gelten die für das DRA III gemachten Ausführungen, wobei im Hinblick auf die Einwirkung, z. B. beim Handwechsel Übergänge im Trab als Mangel bezeichnet werden müssen. Im übrigen gelten die Bestimmungen der LPO, die bereits an anderer Stelle erläutert wurden.

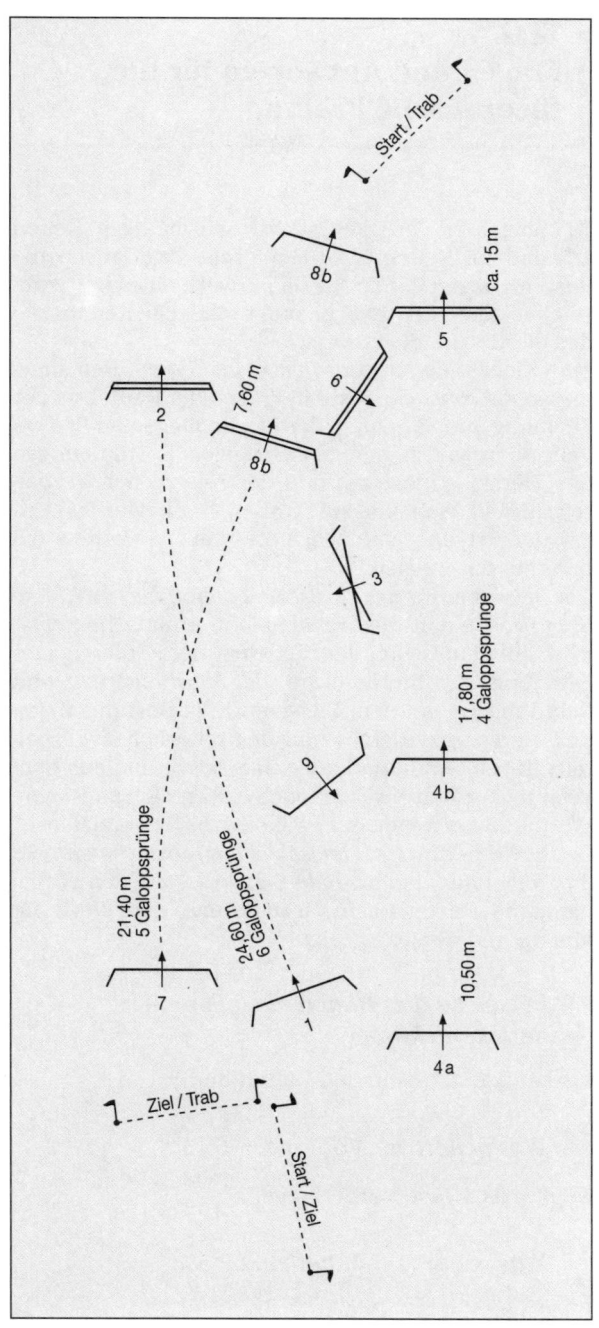

Stilspringprüfung mit
Standardanforderungen

20 x 60 m
Halle (Mindestmaß)

Dauer:
ca. 120 Sekunden
(ohne Ein- und Ausreiten)

Standardanforderungen:
Einreiten, vor den Richtern
halten, Grüßen, Rückwärtsrichten, Galopp entwickeln
und Parcours beginnen.

Nach Hindernis 2 an vorge-
gebener Stelle Trab, Leichttraben, Anreitephase zu 3
aussitzen, Entlastungssitz.

Nach Hindernis 3 wieder
Trab bis zur vorgegebenen
Stelle, von da im Galopp
Parcours fortsetzen.

Hindernis 3

Kreuz, max. 80 cm hoch

Hindernis 6
Doppelrick, max. 1 m breit

TEIL 4
Fragen und Antworten für die
theoretische Prüfung

Neben der Fertigkeit im dressurmäßigen Reiten und im Reiten über Hindernisse verlangen die Bestimmungen der FN für den Erwerb eines Reiterabzeichen auch theoretische und praktische Kenntnisse des Pferde- und Reitsports.

Zum Kleinen *Reiterabzeichen Klasse IV* gehören angemessene *Grundkenntnisse* in Fragen der Reitlehre, der Zäumung und Sattelung, der Pferdepflege und Pferdehaltung sowie in den einschlägigen Bestimmungen des Tierschutzgesetzes und des reiterlichen Verhaltens in Feld, Wald und auf Straßen. Der Bewerber muß bei der Prüfung eine Wertnote von mindestens 5,0 oder besser erzielen.

Der Bewerber für das *Deutsche Reiterabzeichen Klasse III in Bronze* muß theoretische und praktische *Kenntnisse* auf dem Gebiet der Reitlehre, der Zäumung und Sattelung, der Pferdepflege, der Pferdehaltung und dem Umgang mit dem Pferd sowie in Bestimmungen des Tierschutzgesetzes und des reiterlichen Verhaltens in Feld, Wald und auf den Straßen und aus dem Leistungsprüfungswesen nachweisen. Er muß eine Wertnote von mindestens 5,0 oder besser erzielen.

Der Bewerber für das *Deutsche Reiterabzeichen Klasse II in Silber* muß *umfassende Kenntnisse* auf den vorgenannten Gebieten nachweisen. Er muß eine Wertnote von 6,5 und besser erzielen.

? *In welche drei Hauptteile teilt man den Pferdekörper ein?*

Vorhand, Mittelhand und Hinterhand.

? *Was gehört zur Vorhand?*

Kopf, Hals, Brust, Vorderbeine.

? *Was gehört zur Mittelhand?*

Widerrist, Rücken, Bauch.

Pferd im Quadratformat

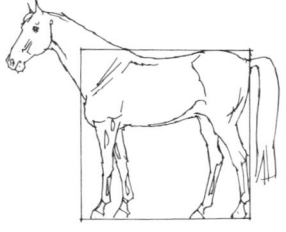

Pferd im Rechteckformat

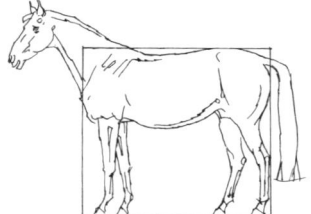

? *Was gehört zur Hinterhand?*

Kruppe, Hinterbeine, Schweif.

? *Was muß der Reiter von Körperbau,*
Knochengerüst und Muskulatur wissen?

Rumpfstrecker und Rumpfbeuger

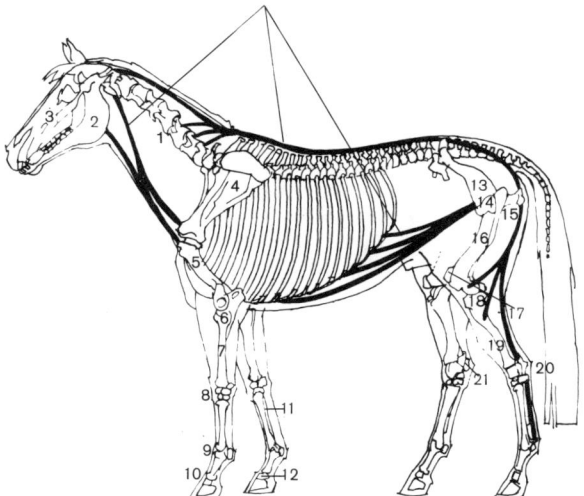

1 Wirbelsäule
2 Unterkiefer
3 Oberkiefer
4 Schulterblatt
5 Oberarmbein
6 Ellenbogengelenk
7 Unterarmbein
8 Vorderfußwurzelgelenk
9 Fesselgelenk
10 Krongelenk
11 Griffelbein
12 Hufgelenk
13 Darmbein
14 Hüftgelenk
15 Sitzbein
16 Oberschenkelbein
17 Kniescheibe
18 Kniegelenk
19 Unterschenkelbein
20 Sprunggelenk
21 Fersenbein

? *Woraus bestehen die Vordergliedmaßen?*

Schulter, Oberarm, Unterarm, Mittelfuß, Fessel,
Krone, Huf.

? *Wie heißen die Gelenke, die die*
Vordergliedmaßen verbinden?

Schulterbuggelenk, Ellenbogengelenk, Vorderfußwurzelgelenk, Fesselgelenk, Kronengelenk, Hufgelenk.

? *Woraus bestehen die Hintergliedmaßen?*

Beckengürtel, Oberschenkel, Unterschenkel, Mittelfuß, Fessel, Krone, Huf.

? *Wie heißen die Gelenke, die die*
Hintergliedmaßen verbinden?

Hüftgelenk, Kniegelenk, Sprunggelenk, Fesselgelenk,
Kronengelenk, Hufgelenk.

1 Schopf
2 Genick
3 Nasenrücken
4 Ganaschen
5 Kehlgang
6 Bugspitze
7 Oberarm
8 Unterarm
9 Ellenbogenhöcker
10 Fesselkopf
11 Fesseln
12 Köten
13 Schlauch (bei Hengsten, Wallachen)
14 Kastanie
15 Knie
16 Sprunggelenk
17 Hüfte
18 Oberschenkel
19 Lende
20 Schweif
21 Kruppe
22 Sattellage
23 Widerrist
24 Mähnenkamm
25 Röhren
26 Hufkrone
27 Hanken
28 Dampfrinne
29 Schulter
30 Flanke

Exterieur

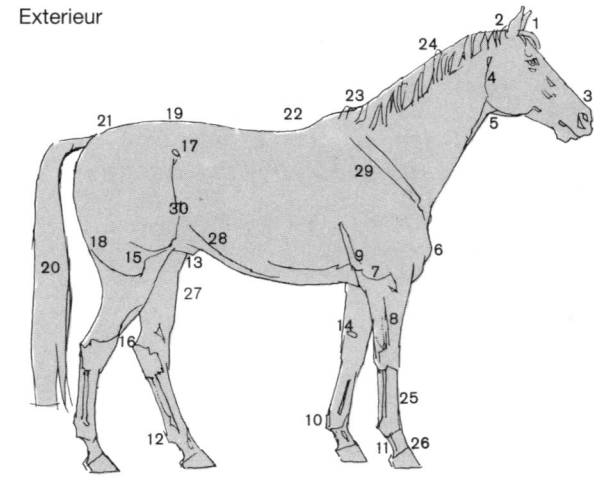

? *Wie heißen die äußeren Teile des Hufes?*

Hufkrone, Hufwand, Hufsohle mit Strahl.

? *Wie heißen die verschiedenen Wirbel des Pferdes und wieviel gibt es davon?*

7 Halswirbel, 18 Rückenwirbel, 6 Lendenwirbel, 5 Kreuzwirbel, 18 bis 21 Schweifwirbel.

? *Wie bezeichnet man den Bereich zwischen Unterkiefer und Hals?*

Ganaschen. Von Vorteil ist ein weniger ausgeprägter Unterkiefer mit einem weiten Kehlgang. Er bewirkt ein leichteres Nachgeben des Pferdes in der Ganaschengegend, d. h. das Pferd läßt sich leichter beizäumen und rechts und links stellen; es ist eher durchlässig.

Idealer Hals

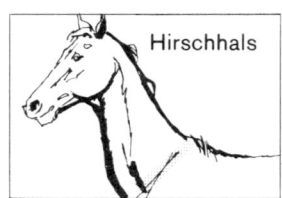

Hirschhals

Kurzer Hals

? Wie soll der Hals des Pferdes beschaffen sein?

Er soll genügend lang sein und sich harmonisch vom Rumpf zum Kopf verjüngen. Er soll zum Gesamtrahmen des Pferdes passen. Ein von Natur aus kurzer Hals ist nachteilig deshalb, weil sich das Pferd im Zuge seiner Ausbildung, die mit wachsender Aufrichtung verbunden sein muß, immer mit zu kurzem Hals präsentieren wird (Gleichgewichtsschwierigkeiten).

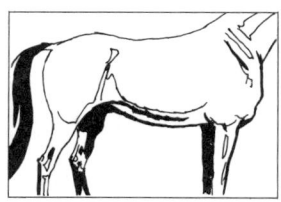
Normale Kruppe, schräge Schulter

? Wie soll die Schulter des Pferdes beschaffen sein?

Sie soll schräg sein. Eine schräge Schulter gewährleistet guten Raumgriff in allen Gangarten. Bei einer steilen Schulter sind die Bewegungen von Natur aus begrenzt. Im Schritt gelingt eine Verbesserung des Ganges nicht. Im Trab und im Galopp kann durch systematische Ausbildung eine gewisse Verbesserung der Gänge erreicht werden. Jedoch besteht die Gefahr, daß die Natürlichkeit der Bewegungen – Geschmeidigkeit und Leichtigkeit – beeinträchtigt wird.

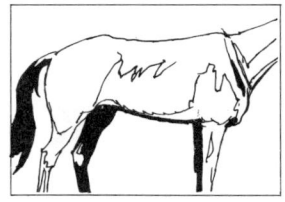
Abfallende Kruppe, steile Schulter

? Wie heißt der Übergang vom Hals zum Rücken?

Widerrist.

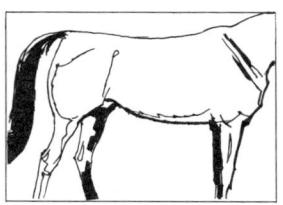
Horizontale Kruppe, schräge Schulter

? Wie soll der Widerrist beschaffen sein?

Er soll mittelhoch, lang und ausgeprägt sein. Nur ein solcher Widerrist gewährleistet eine günstige und sichere Lage des Sattels. Er stellt außerdem eine gute und belastungsfähige Verbindung zum Rücken dar.

Schwanenhals

Tief angesetzter Hals

Falscher Knick

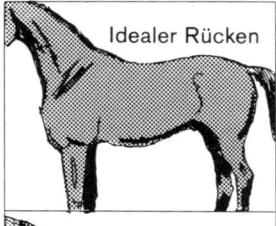

Idealer Rücken

Karpfenrücken

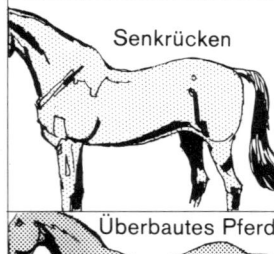

Senkrücken

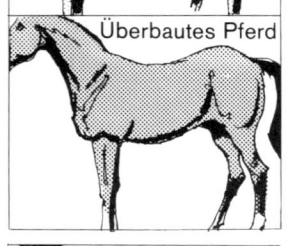

Überbautes Pferd

Gerader Rücken

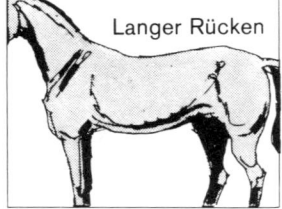

Langer Rücken

Ein flacher und wenig ausgeprägter Widerrist beeinträchtigt die gute und sichere Lage des Sattels (Neigung zu Satteldruck). Ein hoher, kurzer Widerrist führt leicht zu Widerristverletzungen.

? *Wie soll der Rücken des Pferdes beschaffen sein?*

Er soll in einem harmonischen Verhältnis zum Gesamtrahmen stehen. Ideal ist ein Rücken, der hinter dem Widerrist in der Sattellage eine leichte Senkung zeigt. Der Rücken ist die Brücke zwischen Vorhand und Hinterhand. Ein solcher Rücken schwingt in der Bewegung auf und ab und ist trag- und belastungsfähig. Er gestattet dem Reiter einen geschmeidigen, ruhigen und sicheren Sitz.

Ein kurzer Rücken schwingt weniger und beeinträchtigt dadurch den Sitz des Reiters.

Ein zu langer Rücken ist weniger tragfähig und bringt die Schwierigkeit mit sich, die Hinterhand des Pferdes im Zuge der fortschreitenden Ausbildung mehr und mehr zu engagieren.

Nachteilige Folgen des Rückens sind ein gerader Rücken, ein sogenannter Karpfenrücken und ein Senkrücken.

Ein Pferd mit einem deutlich ausgeprägten Senkrücken ist von vornherein für die Ausbildung zum Dressurpferd nicht geeignet.

? *Wie heißen die Körperteile des Pferdes, die sich nach hinten dem Rücken anschließen?*

Nieren- oder Lendenpartie und Kruppe.

? *Wie soll die Kruppe beschaffen sein?*

Sie soll lang, breit und nach hinten sanft abgerundet sein. Sie soll gut bemuskelt sein. Eine so beschaffene Kruppe mit den darunter liegenden Muskeln, Knochen und Gelenken bietet die Gewähr dafür, daß das Pferd im Verlauf seiner Ausbildung zunehmend lernt, mehr und mehr Gewicht durch die Hinterhand aufzunehmen. Weniger günstig sind eine flache und eine abgeschlagene Kruppe.

Von Nachteil ist eine hohe Kruppe, bei der das Pferd

hinten höher wirkt als vorn. Diese Kruppe bewirkt Schwierigkeiten in der Versammlung des Pferdes und erweckt den Eindruck, daß das Pferd auf der Vorhand geht.

? *Wie soll die Nierenpartie beschaffen sein?*

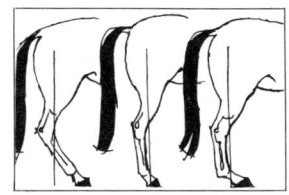

säbelbeinig   stuhlbeinig   bärentatzig

Sie soll breit und gut bemuskelt sein. Ihre Länge muß im Verhältnis zum Gesamtkörper stehen. Eine kurze Lende erleichtert die Aktivierung der Hinterhand, eine zu lange Nierenpartie erschwert das Schwingen des Rückens.

? *Wie soll der Schweif des Pferdes beschaffen sein?*

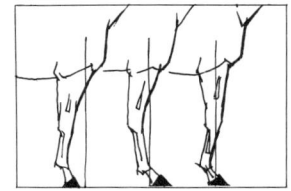

rückständig   rückbiegig   vorbiegig

Er soll gut getragen sein. Ein eingeklemmter Schweif ist oft ein Zeichen der Ängstlichkeit, ein solches Pferd hat dann Schwierigkeiten mit der Losgelassenheit. Ein schief getragener Schweif ist ein erheblicher Schönheitsfehler und mindert den Wert des Pferdes.

? *Wie sollen die Fesseln des Pferdes ausgeprägt sein?*

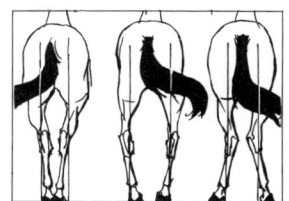

bodeneng   faßbeinig   kuhhessig

Sie sollen mittellang sein und in Stärke und Winkelung zu Vorder- und Hinterbein passen. Kurze, steile Fesseln sind unerwünscht, führen oft zum frühen Verbrauch des Pferdes und bedingen harten stoßenden Gang. Zu lange Fesseln erschweren die Bewegung und beanspruchen die Sehnen in erhöhtem Maße.

? *Wie soll das Sprunggelenk beschaffen sein?*

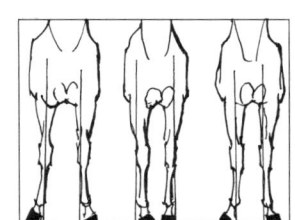

bodenweit   zeheneng   zehenweit

Es soll breit, ausdrucksvoll und trocken sein. Es muß ohne Absatz in Unterschenkel und Hintermittelfuß (Schiene) übergehen. Die Winkelung soll nicht zu stark sein, klar gezeichnet, aber auch nicht zu gestreckt sein.

? *Wieviel Zähne hat ein ausgewachsenes Pferd?*

Stuten 36, Hengste und Wallache 40.

? *Welche Arten von Zähnen gibt es?*

Backenzähne, Schneidezähne. Bei Hengsten und Wallachen gibt es zusätzlich Hakenzähne.

? *Woran erkennt man das Alter des Pferdes?*

An den Zähnen. Die Schneidezähne wechseln im Alter zwischen 2 und 5 Jahren, die Kunden – Vertiefungen in den Schneidezähnen – verschwinden durch Abrieb der Zähne im Unterkiefer zwischen 5 und 9 Jahren, im Oberkiefer zwischen 9 und 12 Jahren. Beim Kauf eines Pferdes ist es auf jeden Fall ratsam, einen Tierarzt hinzuzuziehen. Weiter ist zu empfehlen, nur ein Pferd zu kaufen, für das ein Fohlenschein vorliegt. Aus diesem gehen der Tag der Geburt und die Abstammung hervor.

? *Ist die Abstammung eines Pferdes von Bedeutung?*

Ja. Es gibt Hengste und Stuten, die vorwiegend gute Anlagen zum Springen vererben und andere, deren Nachkommen über gute Anlagen für die Dressur verfügen. Dennoch bietet die Abstammung nicht immer die Gewähr dafür, daß sich das Pferd zu einem guten Leistungspferd entwickelt, weil es wesentlich auch auf die Art seiner Aufzucht und Ausbildung ankommt.

? *Worauf ist beim Kauf eines Pferdes besonders zu achten?*

Darauf, daß es keine gesetzlichen Fehler (sog. Hauptmängel) hat. Liegen solche vor, kann der Käufer innerhalb bestimmter Fristen vom Kauf zurücktreten und den Kaufpreis zurückverlangen.

? *Was sind gesetzliche Fehler?*

Es gibt sechs Hauptmängel für den Verkauf von Nutz- und Zuchttieren: Rotz, Dummkoller, Dämpfigkeit, Kehlkopfpfeifen, Periodische Augenentzündung und Koppen.

? *Was versteht man unter*
Rotz?

Eine durch einen Bazillus verursachte akute oder
chronische Infektion von Nase, Lunge oder Haut.
Auch für Menschen ansteckend.

? *Was versteht man unter*
Dummkoller?

Eine unheilbare Krankheit des Gehirns, bei der das
Bewußtsein des Pferdes gestört ist. Sie entsteht durch
eine allmählich einsetzende oder akut auftretende
Gehirnwassersucht.

? *Was versteht man unter*
Dämpfigkeit?

Ein Krankheitszustand, der mit chronischen und
unheilbaren Atembeschwerden verbunden ist. Dämpfigkeit kann durch Erkrankungen der Lungen und des
Herzens verursacht werden. Während gesunde Pferde
in der Ruhe 9 bis 15 Atemzüge in der Minute machen,
atmet ein dämpfiges Pferd etwa doppelt so schnell.
Die Atembewegung wirkt angestrengt. Das Pferd bläht
beim Einatmen jedesmal die Nüstern und preßt die
Atemluft mit der Bauchmuskulatur wieder aus der
Lunge. Hierdurch entsteht beim Ausatmen am Rip-
penbogen die sogenannte »Dampfrinne.

? *Was versteht man unter*
Kehlkopfpfeifen?

Diese Erkrankung besteht in einer einseitigen, seltener beidseitigen, Lähmung des Kehlkopfes, die meistens durch eine vorausgegangene Infektionskrankheit hervorgerufen ist. Durch Erschlaffung der Stimm-
bänder tritt eine Verengung der Luftröhre ein.
Hierdurch bekommt ein Pferd bei der Arbeit zu wenig
Luft. Gleichzeitig entstehen im Kehlkopf Geräusche,
die als Kehlkopfpfeifen bezeichnet werden. Die hiermit verbundene Atemnot kann zu einem Erstickungs-
anfall führen. Das Einsetzen einer Kanüle in die Luftröhre kann die Atemnot des Pferdes mildern. Es ist
aber davon abzuraten, ein Pferd mit diesem Leiden als
Reitpferd zu benutzen.

? Was versteht man unter periodischer Augenentzündung?

Hier handelt es sich um eine Entzündung der inneren Teile des Auges, die plötzlich und ohne äußere Veranlassung auftritt. Das kurze vorher noch gesunde Auge wird nicht geöffnet, es besteht starker Lichtreiz und Tränenfluß. Die Hornhaut ist leicht getrübt, die Pupille verengt. Es wird ein graugelbliches Sekret im Auge ausgeschieden.

Nach etwa 14 Tagen lassen die Krankheitserscheinungen nach, und dem Laien erscheint das Auge wieder vollständig gesund. Dennoch sind im Auge bereits chronische Veränderungen eingetreten. In Abständen von meist etwa 5 bis 6 Wochen (periodisch wie die Mondphasen) tritt die Erkrankung erneut in Erscheinung. Sie führt schließlich zu einer vollständigen Zerstörung der Sehkraft des erkrankten Auges. Die in bestimmten Zeitabständen immer wieder auftretende Erkrankung erklärt die Bezeichnung *periodische Augenentzündung*. Häufig spricht man hier auch von Mondblindheit.

? Was versteht man unter Koppen?

Es ist eine Untugend des Pferdes, die auch als Krippensetzen oder Windschnappen bezeichnet wird. Bei Anspannung der vorderen Halsmuskulatur und unter Hörbarwerden eines dumpfen Geräusches (der Kopperton) dringt beim Einatmen Luft in die Speiseröhre. Die Atemluft wird entweder heruntergeschluckt oder deutlich wieder ausgestoßen.

Die meisten Pferde setzen hierbei mit den Schneidezähnen auf dem Krippenrand oder einem anderen im Stand oder in der Box vorstehenden Gegenstand auf. Koppende Pferde befinden sich meist in einem schlechten Ernährungszustand. Sie haben oft einen aufgetriebenen Bauch und neigen vermehrt zu Kolikanfällen. Ihre Leistungsfähigkeit kann durch das Koppen beeinträchtigt werden. Dem Übel des Koppens ist nur schwer beizukommen. Das Entfernen aller vorstehenden Gegenstände im Stand oder in der Box sowie das Verlagern der Krippe bis fast auf den Boden können zu einer Beseitigung dieser lästigen Untugend führen.

? *Was versteht man unter*
Husten?

Er wird durch ein Virus hervorgerufen und führt zu
einem ansteckenden Katarrh der Luftwege. Das Pferd
hustet trocken und tief. Nach einigen Tagen stellt sich
meist Fieber ein. Damit verbunden ist eine auffällige
Störung des Allgemeinbefindens und Nachlassen der
Freßlust. Hustende Pferde werden nicht gearbeitet.
Mit Eintritt der Besserung ist ein Führen in der Bahn
zu empfehlen. Eine vorbeugende Schutzimpfung, die
wiederholt werden muß, ist möglich.

? *Was versteht man unter*
Druse?

Sie ist eine Infektionskrankheit, die, mit Fieber verbunden, zu einer Entzündung der Nasen- und Rachen-
schleimhaut und zu einer Vereiterung der im Rachen-
raum liegenden Lymphknoten führt. Die Druse tritt
meist bei Fohlen im Alter von 6 Monaten und bei Pferden im Alter bis zu 5 Jahren auf. Schlecht gelüftete
und zu warme Stallungen, wenig Bewegung im Freien,
plötzlicher Witterungsumschlag und schlechte Fütterung begünstigen den Ausbruch dieser Krankheit.
Die Nase des Pferdes sondert zunehmend ein Sekret
ab. Die Freßlust des Pferdes läßt stark nach. Es nimmt
meist nur etwas Heu oder Grünfutter zu sich. Als Fol-
gekrankheiten können Kehlkopfpfeifen und Dummkoller auftreten. Das Pferd ist bis zum völligen Abklingen
der Krankheit von jeglicher Arbeit zu verschonen.

? *Was versteht man unter*
Kolik?

Diese Krankheit, die zu den häufigsten Erkrankungen
des Pferdes gehört, umfaßt viele krankhafte Zustände
des Magens und des Darms. Je nach den Ursachen
spricht man von verschiedenen Kolikformen. Diese
heißen Krampfkolik, auch rheumatische oder Erkäl-
tungskolik genannt; Verstopfungskolik; Gaskolik, auch
Windkolik genannt; Sandkolik.
Weiterhin gehören zum Begriff Kolik die Magenüberla-
dung, die zur Magenerweiterung und sogar zur Zerrei-
ßung des Magens führen kann. Ferner gehören dazu
Darmverlagerungen, Darmverschluß und Darmveren-

gung. Alle diese Erscheinungen verursachen starke Bauchschmerzen, auf die das Pferd mehr oder weniger reagiert. Es zeigt sein Unbehagen durch Stampfen mit den Hinterbeinen, und es schlägt mit diesen gegen den Leib. Es kratzt auffällig mit den Vorderbeinen und stellt sich so hin, als wolle es Harn lassen. Es beginnt zu schwitzen, liegt und wälzt sich und springt plötzlich wieder auf. Bei diesen Anzeichen ist sofort ein Tierarzt hinzuzuziehen. Bei Nichtbehandlung oder nicht sachgemäßer Behandlung ist zu befürchten, daß das Pferd verendet. Kolik ist die Krankheit, die zu den häufigsten Verlusten führt. Vor Eintreffen des Tierarztes ist das Pferd möglichst zum Aufstehen zu bewegen und ein Wiederhinlegen zu verhindern. Man soll das Pferd mit Stroh abreiben und eindecken und jedes Fressen unterbinden.

Wie kann die Kolik vermieden werden?

Durch sorgfältige Haltung und Fütterung, regelmäßige Arbeit, gute Qualität des Futters. Das Futter soll in seiner Menge und Zusammensetzung den Anforderungen in der Arbeit angepaßt werden.

? Was versteht man unter Mauke?

Sie ist eine Entzündung an der hinteren Fläche der Fessel, in der Fesselbeuge. Hier tritt erhöhte Wärme auf, verbunden mit einer Schwellung. Es wird eine gelbliche oder rötliche Flüssigkeit ausgeschieden, die eintrocknet und Krusten bildet, die besonders in der Bewegung Schmerzen verursachen, was wiederum zur Lahmheit führen kann. Eine besonders unangenehme Art der Mauke, die sogenannte Brandmauke tritt vorwiegend im Winter auf, wenn die Haut durch Kälte, Schnee, Salzwasser oder kleinere Verletzungen ohnehin angegriffen ist. Die Ausheilung dauert hier länger. Es gibt auch eine trockene Mauke.

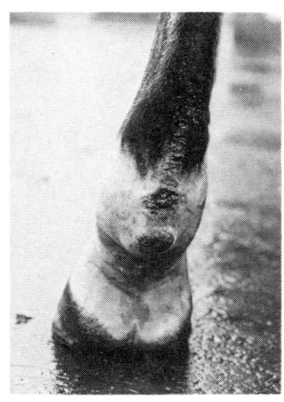

Mauke

? Was versteht man unter Einschuß?

Es ist die vorwiegend an den Hintergliedmaßen auftretende entzündliche Anschwellung der Haut und Unterhaut, die sich von unten nach oben ausbreitet. Sie wird verursacht durch Wundinfektion bei Streichwunden (diese treten bei Pferden auf, die vorn oder hinten zu eng gehen), Kronentritten, Strahlfäule und Stichwunden (unvorsichtiger Umgang mit der Mistgabel beim Herrichten der Streu). Der am Fesselgelenk beginnende Einschuß breitet sich schnell über das Sprunggelenk, den Unterschenkel und manchmal auch über den Oberschenkel hinaus aus. Er ist schmerzhaft und führt zur Lahmheit. Das Pferd hat meist Fieber. In etwa 8 bis 14 Tagen kann mit einem Abklingen der Krankheit gerechnet werden. In schweren Fällen kann die Heilung wesentlich länger dauern und eine Verdickung des erkrankten Beines zurückbleiben.

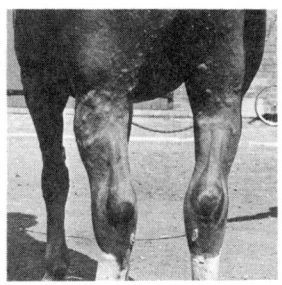

Einschuß

? Was versteht man unter Spat?

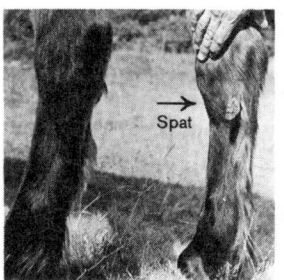

Spat

Er ist eine chronische Entzündung des Sprunggelenks, die im Bereich der kleinen Sprunggelenksknochen liegt und zu einer Knochenauftreibung an der Innenfläche des Sprunggelenks führt.
Ursache für den Spat ist eine langdauernde Überbeanspruchung des Sprunggelenks durch zu frühe und übermäßige Trab- und Galopparbeit. Spat hat Lahmheit zur Folge.

? Was ist eine Galle?

Eine Geschwulst am Sprunggelenk oder oberhalb der Fesselgelenke, die mit Gelenkflüssigkeit gefüllt ist. Die Geschwulst ist anfänglich weich und verhärtet sich später. Für die Behandlung sollte ein Tierarzt hinzugezogen werden. Gallen können auf den Gang und damit auf die Leistungsfähigkeit des Pferdes Einfluß haben.

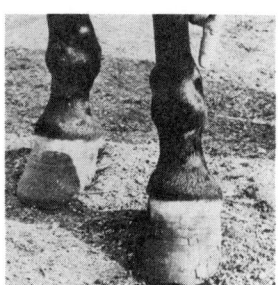

Galle

Piephacke

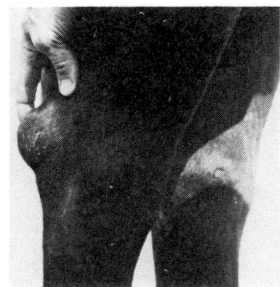

? Was versteht man unter Schale?

Sie ist eine chronische Entzündung an Gelenken, vorwiegend am Kronen- und Fesselgelenk. Die Entzündung ist mit einer Knochenauftreibung um das befallene Gelenk verbunden. Schale wird vorwiegend durch zu frühe Arbeit und Überbeanspruchung hervorgerufen.

? *Was ist eine Piephacke?*

Eine Schwellung oder mit Flüssigkeit gefüllte Beule an der Hacke des Sprunggelenks. Sie entsteht meist durch Anschlagen an die Wand der Box. Sie pflegt den Gang des Pferdes nicht zu beeinträchtigen und ist mehr ein Schönheitsfehler.

? *Was ist ein Überbein?*

Eine Knochenauftreibung, die durch Anschlagen an harte Gegenstände auftritt. Sie kann auch auftreten, wenn Pferde sich gegenseitig schlagen.

? *Was versteht man unter Strahlfäule?*

Eine besonders an den Hinterhufen auftretende fäulnisartige Auflösung des Hornstrahls. Sie wird durch feuchte und unsaubere Streu und mangelhafte Hufpflege verursacht. Sie kann auch dadurch auftreten, daß ein Pferd ständig Hufeisen mit Stollen trägt, wodurch der Strahl außer Funktion gesetzt wird. Schließlich kann auch ein zu starkes Beschneiden des Strahls zur Fäule führen. Nur sorgsame Hufpflege und immer saubere Streu schützen vor Strahlfäule.

Strahlfäule

? *Woran erkennt man innere Erkrankungen?*

Teilnahmslosigkeit, Freßunlust, trüber Blick, rauhes, glanzloses Haar, Unruhe, Scharren, Hinlegen und Wiederaufstehen, Schwitzen und Stöhnen des Pferdes. Weitere Symptome sind erhöhte Temperatur, beschleunigter Puls und Atem. Bei einem gesunden Pferd liegt die Körpertemperatur, wenn das Pferd etwa eine Stunde in Ruhe war, zwischen 37,5 und 38,2 Grad Celsius, bei Fohlen zwischen 37,5 und 39,0 Grad Celsius. Fieber kann bis zu 40,5 Grad Celsius führen. Der Pulsschlag des gesunden Pferdes beträgt 30 bis 44 Schläge je Minute, bei Fohlen 60 Schläge je Minute. Man zählt ihn durch leichtes Andrücken von Zeige- und Mittelfinger an die Kieferarterie an der Innenfläche des Unterkiefers. Bei jeder Temperaturerhöhung ist die Hinzuziehung eines Tierarztes ratsam.

? *Welche Rassengruppen gibt es in der*
Bundesrepublik Deutschland?

- Vollblutpferde
- Warmblutpferde
- Kaltblutpferde
- Ponys

Zur Rassengruppe des Vollblut kann man zählen:
Englisches Vollblut, Traber, Araber.
Die deutschen *Vollblutpferde* (hinter dem Pferdenamen das Zeichen xx) gehören zur internationalen
Pferderasse des Englischen Vollbluts. Diese gehen auf
das arabische Vollblut (hinter dem Pferdenamen das
Zeichen ox) zurück. Das Vollblutpferd findet fast ausschließlich im Rennsport und als Zuchttier in der
Warmblutzucht Verwendung. Sein Einsatz im Dressur-
und Springsport ist begrenzt, während es wegen seiner Härte und Ausdauer im Vielseitigkeitssport immer
mehr Eingang findet.
Eine Nebengruppe des Vollbluts sind die Traber mit
wesentlichen Einflüssen aus Amerika und Frankreich.
Sie sind heute ausschließlich für den Rennsport
gezüchtet und finden in der Reitpferdezucht nur ver-
einzelt Verwendung, wenn ihnen auch gutes Spring-
vermögen nachgesagt wird.
Reinrassige Araber treten als Reitpferde in der Bundesrepublik kaum in Erscheinung, finden aber in der
Warmblutzucht Verwendung.

Vollblutpferde im
Rennsport

Modernes Warmblutpferd,
entsprechend dem Zuchtziel
»Deutsches Reitpferd«

Die deutschen *Warmblutpferde* sind in ihren Anfängen
aus der Verbindung des Vollbluts mit der jeweils hei-
mischen Pferderasse hervorgegangen. Eindeutig ist
die heutige Warmblutzucht auf die Schaffung eines
Reitpferdes ausgerichtet: Es soll über gute Grundgangarten verfügen, elegant und nicht zu schwer sein und
im Alter von vier Jahren in der Größe um 165 cm
Stockmaß liegen.
Die nahezu vollständige Motorisierung in Landwirtschaft und Wirtschaft hat das Warmblutpferd als Zug-
pferd fast völlig verdrängt und die Zucht eines eigenen Wagenpferdes auch in klassischen Zuchtgebieten
Holstein und Oldenburg wesentlich reduziert.

Das *Kaltblut* ist das körperlich schwerste Pferd, das
früher ausschließlich zu Arbeitszwecken gezüchtet
wurde. Es hat seine Bedeutung als Wirtschaftspferd
durch die Motorisierung nahezu vollständig verloren.
Sein Einsatz in der Holzabfuhr ist in den letzten Jahren
wieder gestiegen. Dann und wann kann man ein Kalt-
blutgespann auch noch vor einem Brauereiwagen
oder bei Schauvorführungen entdecken. In Deutschland ist die Zucht dieses Pferdes in Bayern noch am
meisten verbreitet, sonst finden sich nur noch kleine
Zuchtinseln.

Als *Ponys* bezeichnet man einheitlich alle Pferde mit
einem Stockmaß von 148 cm und darunter. Der früher
gebrauchte Begriff »Kleinpferde« wird heute allgemein

nicht mehr angewandt. Sie eignen sich als Reitponys sowie als Wagenponys und werden unter dem Sattel von Kindern und Jugendlichen bevorzugt. Die großen Ponyrassen finden aber auch unter Erwachsenen im Freizeitsport breite Verwendung. Ponys sind genügsam und meist in ihrer Haltung billiger als Warmblutpferde.

Zu den bekanntesten Ponyrassen zählen:
- die aus Norwegen stammenden Fjordpferde
- die aus dem Gebirgsraum der Alpen stammenden Haflinger
- die aus Irland stammenden Connemara-Ponys
- die aus Island stammenden Island-Ponys
- die aus Großbritannien stammenden Welsh-Ponys und New Forest-Ponys
- die kleinste Ponyrasse, die Shetland-Ponys
- die deutschen Reitponys als eigenständiger Reitponyschlag mit verschiedensten Ursprüngen.

Neben dem Voltigieren bietet der Ponysport die ideale Einstiegsmöglichkeit für Jugendliche im Reiten. Dem Alter und der Größe der Kinder angemessen sind die drei Ponygrößen:
- Abteilung K – Größe bis 127 cm
- Abteilung M – Größe 128–137 cm
- Abteilung G – Größe 138–148 cm

Ponys finden im Leistungssport bis zu Deutschen Meisterschaften und Europa-Championaten Verwendung. Auch zur Durchführung von Sonderprüfungen für die Reiterabzeichen sind Ponys zugelassen.

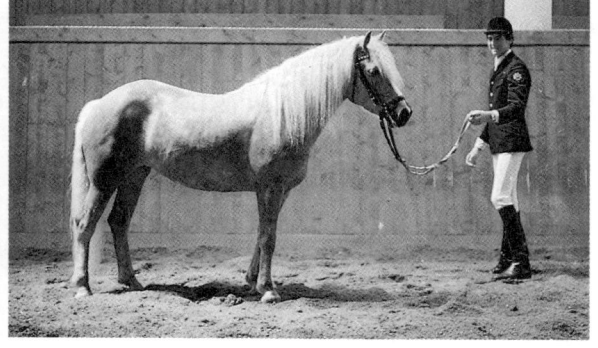

Freizeitpferd Haflinger im heute gezüchteten Typ

**Brandzeichen des
Deutschen Reitpferdes**

Baden-Württemberg

Bayern

Berlin-Brandenburg

Hannover

Hessen

Holstein

Mecklenburg-
Vorpommern

Oldenburg

Rheinland

Rheinland-Pfalz-Saar

Sachsen

Sachsen-Anhalt

Thüringen

Westfalen

Bundeszuchten

Araber

Trakehner

Zuchtverb. f.
dt. Pferde

? *Wie heißen die deutschen Warmblut-
zuchtgebiete?*

Holstein, Hannover, Oldenburg, Westfalen, Rheinland,
Hessen, Rheinland-Pfalz-Saar, Baden-Würtemberg,
Bayern und aus den neuen Bundesländern besonders
Mecklenburg-Vorpommern, Brandenburg und Sachsen. Pferde aus diesen Zuchtgebieten ähneln sich
heute weitgehend, weil sich alle Züchter fast ausschließlich auf die Zucht von leichteren und elegan-
ten Reitpferden eingestellt haben, für die eine rege
Nachfrage besteht. Auf Bundesgebietsebene arbeitet
der Zuchtverband für deutsche Pferde sowie die alte
Reitpferdezucht der Trakehner. Sie stammen aus der
durch den letzten Krieg verlorengegangenen preußi-
schen Provinz Ostpreußen. Einigen ostpreußischen
Züchtern, die Stuten und Hengste in die Bundesrepublik hinübergerettet haben, ist es zu verdanken, daß
die Zucht hier fortgeführt werden konnte, wenn auch
unter veränderten landschaftlichen Bedingungen.
Daneben werden, betreut durch die obigen Verbände,
eine Reihe aus anderen Ländern stammende Rassen
gezüchtet, z.B. Lippizaner, Pintos, Quarterhorses,
Andalusier, Friesen u.a.

? *Wie ist die Zucht des Warmblutpferdes in der
Bundesrepublik Deutschland geregelt?*

In einigen Ländern der Bundesrepublik bestehen
Staatliche Landgestüte, in denen *Zuchthengste* gehalten werden. Die Gestüte stehen unter der Leitung
eines Landstallmeisters, der die Auswahl der zur
Zucht bestimmten Hengste trifft. Daneben gibt es in
den Bundesländern unterschiedlich viele private und
genossenschaftliche Hengsthaltungen. Alle Hengste,
die später in der Zucht Verwendung finden sollen,
werden eingehenden Leistungsprüfungen unterzogen.
Nach bestandener Prüfung werden die Hengste ange-
kört, d.h. zur Zucht zugelassen. Sie werden geritten,
gesprungen, gefahren und ebenso im Gelände geprüft.
Die Haltung von *Zuchtstuten* liegt ausschließlich in der
Hand von privaten Züchtern. Diese Züchter sind in
privaten Vereinigungen als Zuchtverbände meist auf
Landesebene zusammengeschlossen. Sie erfahren
staatliche Unterstützung. Eine weitere Unterstützung
erfahren die Züchter dadurch, daß die Turnierveran-

stalter verpflichtet sind, in nahezu allen Leistungsprüfungen zusätzlich zu den Geldpreisen für die Besitzer der plazierten Pferde auch Züchterprämien in Höhe von 10 % der Geldpreise zur Verfügung zu stellen, die den Züchtern der plazierten Pferde zugutekommen. Jedes Fohlen erhält nach seiner Geburt einen Fohlenschein, der den Tag der Geburt und seine genaue Abstammung sowie Farbe und Abzeichen bescheinigt. Alle Fohlen erhalten dabei das Verbandszeichen sowie seit 1982 eine Nummer zur Identitätssicherung eingebrannt. Der Fohlenschein befindet sich immer im Besitz des Eigentümers des Pferdes.

In verschiedenen Zuchtgebieten werden alljährlich Auktionen veranstaltet, auf denen drei- oder vierjährige Pferde zur Versteigerung kommen. Hervorragende junge Hengste werden von den Landgestüten angekauft, um eventuell in der Zucht eingesetzt zu werden

? *Welche Farbtöne gibt es unter den Pferden?*

Es gibt braune, schwarze, weiße, isabellenfarbene Pferde und solche, die man als Falben bezeichnet. Außerdem gibt es, aber seltener, gescheckte Pferde. Bei Pferden mit brauner Haarfarbe unterscheidet man Braune, Füchse.

? *Woran erkennt man einen Braunen?*

Er hat eine schwarze Mähne und einen schwarzen Schweif. Die Farbe des Rumpfes und der Gliedmaßen kann hellbraun, mittelbraun, dunkelbraun und schwarzbraun sein.

? *Woran erkennt man einen Fuchs?*

Rumpf und Gliedmaßen sind rotbraun in Abstufungen von dunkelrotbraun bis semmelfarben. Die Mähne und der Schweif sind in der Farbe des Rumpfes oder heller. Je nach der Farbe spricht man von Dunkelfuchs, Rotfuchs, Goldfuchs, Lehmfuchs, Hellfuchs oder Schweißfuchs. Der Kohlfuchs hat eine dunkle Körperfarbe und dazu helles Langhaar.

Ponyzuchtbrände der Bundesrepublik Deutschland

 Baden-Württemberg
 nur Haflinger

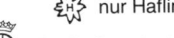 Bayern
nur Haflinger

 Berlin-Brandenburg

 Hannover

 Hessen
nur Haflinger in Nordhessen

 Holstein

 Mecklenburg-Vorpommern
nur Haflinger

 Rheinland
nur Isländer

 Rheinland-Pfalz-Saar
nur Isländer
nur Haflinger

 Sachsen

 Sachsen-Anhalt

 Thüringen

 Weser-Ems

 Westfalen
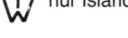 nur Haflinger
 nur Isländer

Bundeszuchten

 Zuchtverb. f. dt. Pferde

Einige Beispiele (von links nach rechts) für Abzeichen an den Beinen:

l. Vbln. w. =
linker Vorderballen weiß
r. VKr. innw. =
rechte Vorderkrone
innen weiß

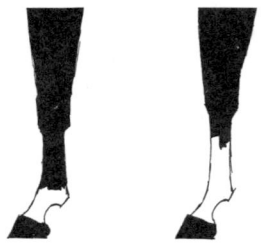

l. Vf. w. =
linker Vorderfuß weiß
r. Vf. unreg. h. w. =
rechter Vorderfuß unregelmäßig hoch weiß

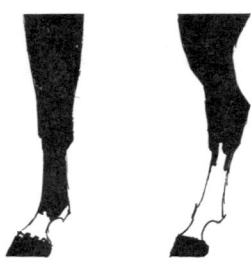

l. Vfsl. w. auß. Kr.flecke,
Kötenfleck =
linke Vorderfessel weiß,
außen Kronrandflecke,
Kötenfleck
r. Hf. inn. unreg. h. w. =
rechter Hinterfuß innen
unregelmäßig hoch weiß

? *Wie nennt man ein schwarzes Pferd?*

Rappe. Bei ihm sind Rumpf, Gliedmaßen, Mähne und Schweif einheitlich schwarz.

? *Wie nennt man ein weißes Pferd?*

Schimmel. Rumpf, Gliedmaßen sind weiß. Mähne und Schweif können schwarz sein. Schimmel werden meist dunkelhaarig geboren und färben nach dem ersten Lebensjahr allmählich um. Im höheren Alter werden sie schneeweiß. Je nach Geburtsfarbe, Farbtönen und eingesprenkelten kleinen andersfarbigen Flecken unterscheidet man Schwarz-, Braun-, Grau-, Rot-, Fliegen- und Apfelschimmel.

? *Wie sehen Isabellen aus?*

Sie haben eine gelbliche Farbe. Mähne und Schweif haben die gleiche Farbe, können aber auch hellfarbiger sein.

? *Wie sehen Falben aus?*

Sie haben ebenfalls eine gelbliche Farbe. Mähne und Schweif sind jedoch schwarz. Außerdem haben sie einen sich auf dem Rücken entlangziehenden sogenannten Aalstrich, der schwarzbraun getönt ist, wie man es häufig auch bei Fjordpferden sieht.

? *Was versteht man unter einem Schecken?*

Ein Pferd, das in seinem Fell größere und unregelmäßige Flecken aufweist, die auffällig von der Grundfarbe abweichen. Sie können auf dem ganzen Körper verteilt und bei Pferden aller Farben auftreten. Während Schecken als Reitpferd nicht sonderlich gefragt sind, erfreuen sie sich im Zirkus besonderer Beliebtheit.

? *Hat die Farbe eines Pferdes Einfluß auf den Grad seiner Leistungsfähigkeit?*

Nein. Jeder Reiter wird sein Pferd nach der Farbe aussuchen, die ihm am meisten zusagt.

? *Sind Pferde einer bestimmten Farbe von vornherein für eine bestimmte Disziplin im Reitsport besonders geeignet?*

Nein. Es kommt nicht auf die Farbe, sondern auf das Gebäude, das Gangvermögen, den Charakter, das Temperament und die Abstammung an.

l. Hfsl. unreg. w. = linke Hinterfessel unregelmäßig weiß
r. Hb. inn. unreg. w. = rechtes Hinterbein innen unregelmäßig weiß

? *Wie nennt man weiße Farbgebungen, die an der Vorderseite des Pferdekopfes und an den Gliedmaßen auftreten?*

Abzeichen. Sie werden durch die untenstehenden Zeichnungen erläutert.

? *Wie wird die Größe eines Pferdes gemessen?*

Entweder durch das »Stockmaß« oder durch das »Bandmaß«.

Das *Stockmaß* wird mit einem Stab mit Zentimetereinteilung gemessen. Er muß senkrecht und an das auf allen vier Beinen gleichmäßig stehende Pferd leicht angelehnt stehen. Gemessen wird vom Erdboden bis in Höhe der höchsten Erhebung des Widerrists. Die Dicke des Hufeisens ist abzuziehen.

Das *Bandmaß* wird vom Erdboden an nach oben am Pferdekörper angelegt und bis zur höchsten Erhebung des Widerrists geführt. Der Unterschied zwischen Stockmaß und Bandmaß beträgt ca. 10 cm.

1 Flocke = Fl.
2 Stern = St.
3 Keilstern = Keilst.
4 Strich = Str.
5 Schnurblesse = Schnurbl.
6 Unregelmäßiger Stern mit Strich und großer Schnippe = unreg. St. m. Str. u. gr. Schn.
7 durchgehende Blesse = dgd. Bl.
8 Unregelmäßige breite Blesse = unreg. br. Bl.
9 Schnippe = Schn.

Die wichtigsten Abzeichen am Kopf des Pferdes:

? *Welche Untugenden können bei Pferden
auftreten?*

Die häufigsten Untugenden sind Schlagen, Beißen,
Scheuen, Steigen und Kleben.
Von Natur aus ist jedes Pferd gutartig. Wenn die vorgenannten Untugenden Schlagen und Beißen auftreten, so sind diese immer auf falsche Behandlung
durch den Menschen zurückzuführen. Schon vom
ersten Tage seines Lebens an bedarf das Pferd einer
liebevollen, rücksichtsvollen und geduldigen Behandlung. Schlagen und Beißen kann gegen Menschen,
aber auch gegen andere Pferde gerichtet sein. Gute
Behandlung und häufiges Sprechen mit dem Pferd
kann diese Untugenden mildern. Für unverbesserli-
che Schläger und Beißer sollte in einem Stall und in
einer Reitbahn kein Platz sein. Sie sind eine dauernde
Gefahr für Mensch und Pferd. Bei Schlägern ist die
Anbringung eines Warnschildes im Stall erforderlich.
Bei *Beißern* empfiehlt sich die Anlegung eines Maul-
korbes.
Das *Scheuen* eines Pferdes ist immer eine Untugend.
Es kann auch eine Veranlagung sein. Es äußert sich
dadurch, daß das Pferd an ihm noch unbekannte
Gegenstände nicht willig herangeht, sondern vor
ihnen zurückweicht oder ausweicht. Hier hat jede
grobe Einwirkung des Reiters, etwa mit der Peitsche,
zu unterbleiben. Es helfen nur gütliches Zureden und
Geduld. Erforderlichenfalls muß der Reiter auch
absitzen und dem Pferd den ungewohnten und bearg-
wöhnten Gegenstand zeigen.
Scheut ein Pferd z.B. vor einem kleinen Wassergra-
ben, so ist es zweckmäßig, ein erfahrenes Pferd hinzuzuziehen, dem das unerfahrene Pferd meist willig folgen wird. Führt auch dies nicht zum Ziel, so kann man
mit Hilfe eines um die Hinterbacken gelegten Seiles
oder einer Longe das Pferd durch zwei Helfer über
den Graben herüberziehen lassen. Notfalls muß diese
Übung mehrmals wiederholt werden, bis das Pferd
Mut und Vertrauen gefunden hat, den Graben allein zu
überqueren.
Das *Steigen*, bei dem sich das Pferd vorn erhebt und
nur noch auf den Hinterbeinen steht, ist eine Widersetzlichkeit, die sich im Verlauf der Ausbildung einstellen kann. Das Pferd versucht, sich auf diese Weise
der Einwirkung des Reiters zu entziehen. Um sich dem

Die Einwirkung des Reiters
beim Scheuen vor einem
unbekannten Gegenstand

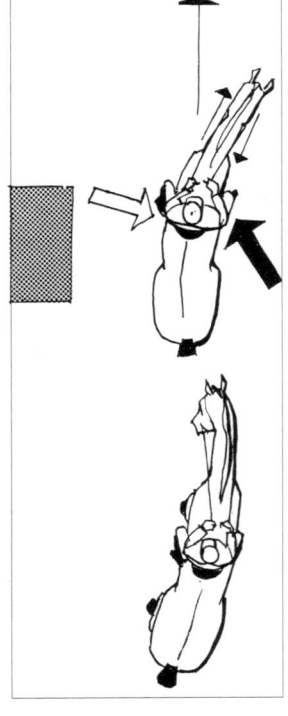

Pferd gegenüber durchzusetzen, muß der Reiter in dem Augenblick, in dem sich das Pferd vorn erhebt, einen Zügel kurz fassen und Hals und Kopf seitwärts-abwärts ziehen. Dabei ist es zweckmäßig, die Zügel-faust mit dem verkürzten Zügel fest hinter den gleich-seitigen Oberschenkel zu legen, um zu verhindern, daß ihm das Pferd den Zügel aus der Hand zieht.

Bei Pferden, die so stark steigen, daß sie senkrecht auf den Hinterbeinen stehen, ist dieses Verfahren nicht anzuwenden, weil die Gefahr besteht, daß sich das Pferd nach hinten überschlägt und den Reiter unter sich begräbt. Schwere Verletzungen des Reiters sind dann meist die Folge. Zum Steigen neigende Pferde, denen diese Untugend nicht abgewöhnt werden kann, sind wegen ihrer Unzuverlässigkeit und der damit für den Reiter verbundenen Gefahr als Reitpferde unbrauchbar.

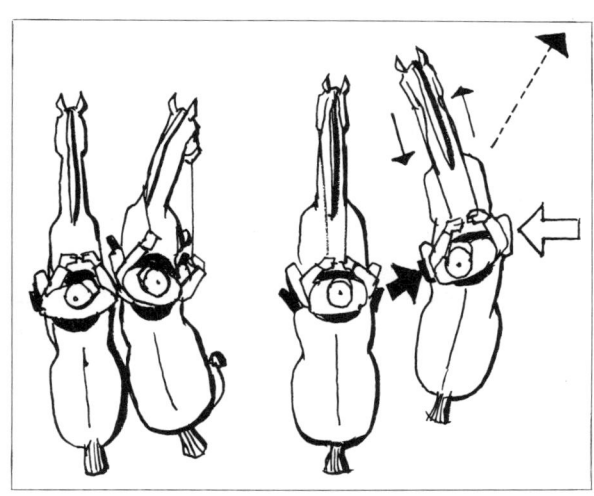

Das richtige Verhalten des Reiters beim Kleben des Pferdes

Putzzeug

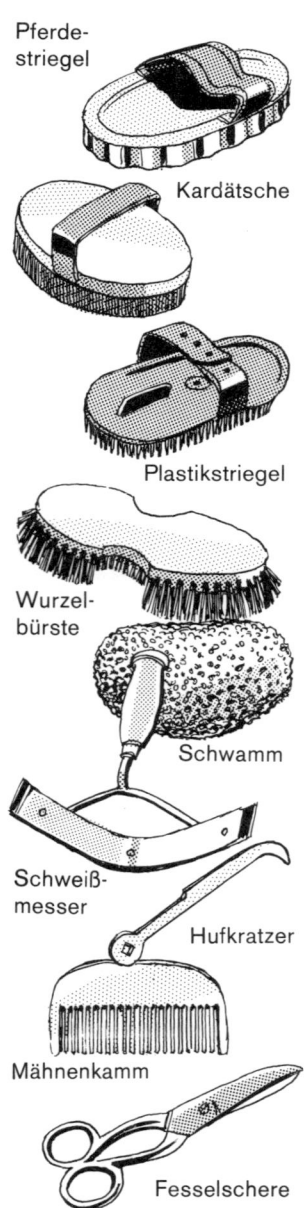

Pferde-
striegel

Kardätsche

Plastikstriegel

Wurzel-
bürste

Schwamm

Schweiß-
messer

Hufkratzer

Mähnenkamm

Fesselschere

❓ Wodurch erhält man ein Pferd gesund und leistungsfähig?

Durch gute Pflege und durch sachgemäße Fütterung und Arbeit.

❓ Was versteht man unter Pflege?

Alles was dazu beiträgt, das Pferd gesund und leistungsfähig zu erhalten und sein Wohlbefinden zu fördern. Auch das Sprechen mit dem Pferd im Stall ist wichtig, weil es dem Vertrauen zwischen ihm und dem Reiter dienlich ist. Das Vertrauensverhältnis wird zwar nie so eng sein, wie zwischen einem Hund und einem Menschen, jedes Pferd erkennt aber seinen Reiter an der Stimme.

❓ Was braucht man zum Putzen des Pferdes?

Einen Striegel, eine Kardätsche, einen Mähnenkamm, Lappen, zwei Schwämme, eine Fesselschere, einen Hufkratzer, eine Hufbürste (Wurzelbürste) und einen Pinsel zum Auftragen von Huffett, ein Schweißmesser zum Abziehen des Schweißes bei stark schwitzenden Pferden.

❓ Was wird durch das Putzen erreicht?

Das Pferd wird sauber, und Sauberkeit bedeutet Schutz vor Erkrankungen. Durch das Putzen wird die Haut des Pferdes gleichzeitig massiert und dadurch die Blutzirkulation angeregt. Das Wohlbefinden des Pferdes wird also gesteigert. Man sagt: Gutes Putzen ist halbes Futter!

❓ Wozu verwendet man den Striegel?

In erster Linie wird er zum Abstreichen von Staub und Schmutz aus der Kardätsche verwendet. An gut bemuskelten Körperteilen des Pferdes kann er auch zur Lösung von Staub und Schmutz in und auf dem Haar benutzt werden, jedoch behutsam. Besser geeignet ist dafür ein Plastikstriegel. Auf keinen Fall darf der Striegel an Körperteilen verwendet werden, die kein Fleischpolster haben, z.B. Kopf, Widerrist, Gelenke und Beine.

Auch das Sattelzeug
muß regelmäßig gepflegt
werden

? Wozu dient die Kardätsche?

Mit ihr – sie ist eine aus gutem Roßhaar gefertigte Bürste, die zur besseren Handhabung einen etwa 4 cm breiten Lederriemen hat – wird die Hauptarbeit des Putzens bewerkstelligt.

? Wie verwendet man die Kardätsche?

Man beginnt das Putzen an der rechten Seite des Pferdes. Die Kardätsche liegt hier in der rechten, der Striegel in der linken Hand. Mit leicht gewinkeltem Arm wird die Kardätsche in langen Zügen und unter leichtem Druck in Haarrichtung auf dem Pferdekörper entlanggeführt. Man putzt immer von vorn nach hinten. Ein Putzen gegen die Richtung des Haares – gegen den Strich – ist grundsätzlich zu vermeiden, weil das Haar hierdurch an Glanz verliert und struppig wird. Beim Putzen der linken Seite liegt die Kardätsche in der linken und der Striegel in der rechten Hand. Nach jeder Putzbewegung der Kardätschenhand wird die Kardätsche am Striegel abgestrichen. Der Striegel wird auf der Stallgasse ausgeklopft. (Stallgasse vorher etwas anfeuchten, um die Staubentwicklung zu vermindern.)

? Wie pflegt man die Mähne?

Durch Bürsten mit der Wurzelbürste und Auskämmen mit dem Mähnenkamm. Erstrebenswert ist es, daß die Mähne an einer Halsseite anliegt und gleichmäßig lang, etwa 10 cm, ist. Eine gleichmäßig Länge erzielt man durch das sogenannte Verziehen: Vorstehende Haare werden mit einem schnellen Ruck der Hand herausgezogen. Auf Turnieren kann man die Mähne einflechten. In Abständen werden aus dem Mähnenhaar nach Anfeuchten Zöpfe geflochten. Diese werden nach innen umgelegt und mit einem etwa ein Zentimeter breitem weißen Band sauber umwickelt. Die Zöpfchen über dem Band sollen dann etwa 3 cm lang sein.

? Wofür verwendet man Lappen?

Die Verwendung eines Wollappens nach beendetem Putzen erhöht den Glanz des Felles.

? Wozu verwendet man einen Schwamm?

Leicht angefeuchtet, zur vorsichtigen Reinigung der Augen. Vorsichtig deshalb, weil ein Pferd durch gröberes Vorgehen leicht kopfscheu wird.
Einen *anderen* Schwamm verwendet man zur Reinigung von After, Euter und Geschlechtsteilen.

Schlecht gepflegter Schweif

Gut gepflegter Schweif

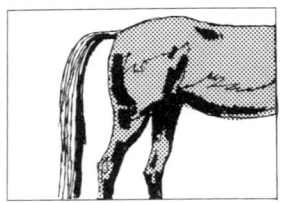

? Wie pflegt man den Schweif?

Er wird jeden Tag mit den Händen aufgelockert, so daß zusammenhaftende Haare getrennt und jedes Haar möglichst einzeln hängt. Die Länge des Schweifes sollte so sein, daß er bei getragener Schweifrübe bis eine Handbreit unterhalb des Sprunggelenks reicht. Der Schweif wird beiderseits der Schweifrübe, wie die Mähne, verzogen. Er sollte nur wenig breiter als die Schweifrübe sein. In gewissen Zeitabständen wird der Schweif mit einem Shampoo gewaschen. Um Verluste an Schweifhaaren zu vermeiden, ist darauf zu achten, daß sich im Stall keinerlei Ecken, Vorsprünge und Vertiefungen befinden, an denen das Pferd mit dem Schweif hängenbleiben kann.

? *Was gehört zur Pflege der Hufe?*

Der Hufpflege kommt besondere Bedeutung zu, weil Huferkrankungen meist zu einer längeren Unterbrechung der täglichen Arbeit führen. Die Hufe sind allen Witterungseinflüssen besonders stark ausgesetzt.

Mit dem Hufkratzer – er darf nicht scharf angespitzt sein – werden die Innenseite, insbesondere die Strahlfurchen, ausgekratzt. Diese möglichst regelmäßige Behandlung genügt meist vor Beginn des Reitens. Nach dem Reiten werden die Hufe mit der Hufbürste gewaschen und in leicht feuchtem Zustand mit Huffett innen und außen eingefettet. Von Zeit zu Zeit soll die Hufsohle zur Verringerung der Gefahr von Infektionen mit Holzteer bestrichen werden.

Zur Hufpflege gehört auch der Hufbeschlag. Er darf nur durch einen erfahrenen Hufschmied ausgeführt werden. Von einem richtigen Hufbeschlag hängen Wohlbefinden und Leistungsfähigkeit eines Pferdes wesentlich ab. Die Hufeisen sind gewissermaßen die Schuhe des Pferdes. Wenn sie nicht passen, ist Nachlassen der Leistung die Folge. Durch Nachlässigkeit im Hufbeschlag schadet der Reiter seinem Pferd und sich selbst.

? *Wie werden die Beine des Pferdes beim Reinigen der Hufe oder beim Beschlagen aufgenommen?*

Z.B. linker Vorderfuß: Man tritt von vorn an die linke Körperseite des Pferdes bis in Höhe des Vorderbeins heran, wobei die linke Schulter den Pferdeleib berührt. Man beugt sich vor und klopft mit der linken Hand leicht gegen den Vordermittelfuß. Das guterzogene Pferd wird dann das Bein willig heben und beugen. Die linke Hand umfaßt nun die Fessel, die rechte Hand ist frei zum Reinigen des Hufes. Beim Beschlagen ergreifen beide Hände die Fessel, um dem Huf beim Abraspeln oder beim Beschlagen selbst einen festen Halt zu geben. Beim rechten Vorderfuß verläuft alles sinngemäß.

Z.B. linker Hinterfuß. Hier tritt man ebenfalls von vorn an das Pferd heran, bis in Höhe des Hinterbeines. Dabei gleitet die linke Hand über den Pferdeleib und über das Hinterbein. Durch leichtes Klopfen am Hintermittelfuß wird das Pferd das Bein heben. Die linke Hand ergreift die Fessel, erhebt und beugt das Bein, bis das Sprunggelenk etwa einen rechten Winkel bildet. Hierbei stützt der Reiter seinen linken Unterarm auf sein gewinkeltes linkes Knie.

Das Aufnehmen der Beine soll immer in Ruhe geschehen. Schon Fohlen sollen hieran gewöhnt werden, um später Schwierigkeiten zu vermeiden.

Richtiges Aufnehmen des Vorderbeines

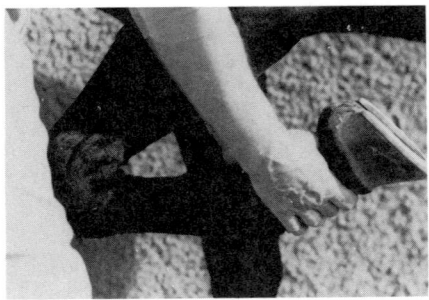

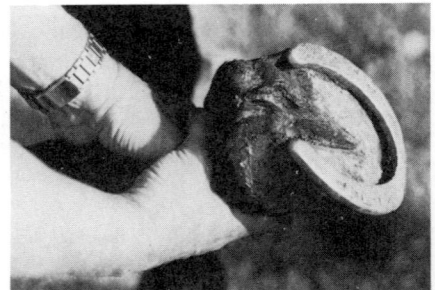

? *Wie pflegt man die Beine des Pferdes?*

Mit der Kardätsche. Bei starker Verschmutzung werden die Beine gewaschen und danach mit dem Lappen abgetrocknet. Wichtig ist das sorgfältige Abtrocknen der Fesselbeuge, um Mauke zu verhindern.

? *Wie oft soll ein Pferd geputzt werden?*

Wie ein Mensch sich täglich zu waschen pflegt, soll auch ein Pferd täglich morgens einmal gründlich geputzt werden. Nach dem Reiten ist die Hufpflege unbedingt erforderlich, ein Abreiben des ganzen Pferdes mit einem Lappen ist sehr zu empfehlen.

Richtiges Aufnehmen des Hinterbeines

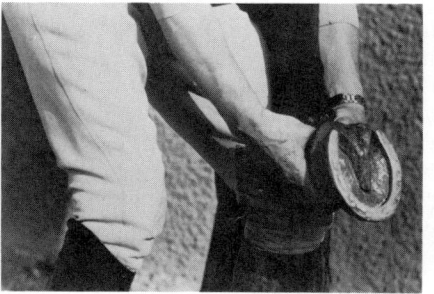

? *Wo soll ein Pferd geputzt werden?*

Bei gutem Wetter möglichst im Freien. Jeder Aufenthalt in frischer Luft ist für das Pferd wohltuend, weil es ohnehin die längste Zeit des Tages im Stall verbringen muß.

? *Wie prüft man den Putz des Pferdes?*

Man streicht mit einem Fingernagel an mehreren Stellen des Pferdekörpers gegen den Haarstrich. Wird die Strichlinie weißlich oder weiß, so ist das Pferd nicht gut geputzt. Verändert sich die Strichlinie farblich nicht, so ist das Pferd gut geputzt. Man nennt diese Probe die »Nagelprobe«.

? *Wie behandelt man ein naß gewordenes Pferd?*

Es herrscht der Grundsatz: Trocken aus dem Stall, trocken in den Stall! Wenn man ins Gelände reitet, und das Pferd naß geworden ist, muß man die letzte Wegestrecke im Schritt reiten, damit das Pferd mit Erreichen des Stalles wieder trocken ist. Das Reiten in der Bahn soll ebenfalls im Schritt enden. Meist wird in der Sattellage noch Feuchtigkeit zurückbleiben. Diese beseitigt man mit Hilfe von trockenen Strohwischen, die in der rechten und linken Hand in langen Zügen mit und gegen den Strich über die Sattellage gestrichen werden. Bei stärkerer Feuchtigkeit ist ein Auswechseln der Strohwische erforderlich. Dann erfolgt ein Glattbürsten mit der Kardätsche. Bei den Strohwischen ist darauf zu achten, daß keine Spitzen hervorstehen. Sie können in die Haut des Pferdes eindringen und Entzündungen hervorrufen. Das Eindecken mit einer Decke ist ratsam.

Ein durch Regen naß gewordenes Pferd muß mit Strohwischen *ganz* trocken gerieben und danach glattgebürstet werden. Das geschieht in der Box. In der kalten Jahreszeit neigen Pferde wegen des dann längeren Haares mehr zum Schwitzen. Eindecken mit einer Decke nach Trockenreiben ist zu empfehlen.

? *Wie soll der Pferdestall
beschaffen sein?*

Er soll geräumig und etwa drei Meter hoch sein. Für gute Lüftung muß gesorgt sein. Zugluft muß unter allen Umständen vermieden werden. Die Fenster, im oberen Drittel der Wand liegend, sollen reichlich Tageslicht einfallen lassen. Ein zu hoher Stall ist im Winter kalt, ein zu niedriger Stall ist leicht dumpfig. Hauptsache ist ständige frische Luft. Die Temperatur sollte im Sommer bei etwa 15 Grad, im Winter bei etwa 10 Grad Celsius liegen.

? *Welche Möglichkeiten gibt es, das Pferd
im Stall unterzubringen?*

Ein idealer Stall, in dem sich die Pferde wohl fühlen: hell, luftig, mit weit geöffneten Boxentüren

In einem Ständer oder in einer Box. *Ständer* sollten nur dort Verwendung finden, wo die Pferde am Tage mehrere Stunden zur Arbeit herausgenommen werden. Heute sollte der Stand eine Ausnahme in der Aufstallung von Reitpferden sein. In einem Ständer steht das Pferd mit dem Kopf zur Wand. Es trägt ein Stallhalfter und ist an diesem mit einem Strick oder einem festen und geschmeidigen Lederriemen angebunden. Ein zu langer Strick oder Riemen bringt die Gefahr mit sich, daß das Pferd über Strick oder Riemen tritt und sich dabei verletzt.

Der Ständer sollte etwa 1,50 m breit und 3,60 m lang sein.

Zwischen einem Ständer und dem nächsten hängt der sogenannte Flankierbaum, der das Pferd von seinem Nachbarn trennt. Der Flankierbaum, etwa 15 cm stark, sollte mit Stroh umflochten sein, um Verletzungen des Pferdes beim Ausschlagen zu vermeiden. Ein Strohsack oder eine Gummimatte kann als Flankierbaumschutz ebenfalls verwendet werden. Wichtig ist eine schnelle Lösungsmöglichkeit des Baumes bei eventuellem Verliegen.

Ist eine feste Wand zwischen den Ständern, so sollen die Ständer breiter sein.

Die *Box* ist im allgemeinen ein allseitig geschlossener Raum mit einer Tür. Die Wände sind bis zu halber Höhe mit festem Holz verkleidet. Der obere Teil besteht meistens aus eisernen Gitterstäben, senkrecht verlaufend, die einen Abstand von etwa 5-6 cm haben. So kann das Pferd seinen Nachbarn sehen und fühlt sich nicht allein. Die Box sollte eine Größe von etwa 3 mal 4 m haben, bei Ponys reichen 3 mal 3 m aus. In ihr kann sich das Pferd frei bewegen. Eine Anbindevorrichtung sollte dennoch vorhanden sein; günstig sind auch Futterluken.

Die Tür der Box muß einerseits sicher verriegelt sein, andererseits sich aber von außen leicht öffnen lassen, um bei Gefahr die Pferde schnell herausführen zu können.

Die *Krippe* soll im Ständer und in der Box so angebracht sein, daß das Pferd mit geradem Rücken und, ohne den Kopf heben oder senken zu müssen, fressen kann. Eine zu hoch angebrachte Krippe führt leicht zu einem Senkrücken des Pferdes. Gerade bei Fohlen muß die Krippe ihrer Größe angepaßt sein.

Weder im Ständer noch in der Box darf es vorspringende Ecken und Kanten und herausstehende Nägel geben, die leicht zu Verletzungen führen. Die Anbringung einer abstellbaren *Selbsttränke*, aus der die Pferde jederzeit und nach Belieben saufen können, ist zu empfehlen. Insbesondere nach der Arbeit soll das Pferd nicht sofort saufen können, weil es dann meist noch warm ist.

Die Anbringung einer *Heuraufe* – ein oben offener Korb aus runden Eisenstangen mit weiten Zwischenräumen – in einer Box ist nicht empfehlenswert. Sollte sie aber verwendet werden, so darf sie aber nicht wesentlich höher als die Krippe angebracht sein (Tiefraufe). In einem Ständer wird sich eine Heuraufe aus Platzgründen seltener anbringen lassen. Hier wird das Heu einfach unter die Krippe gelegt. Häufig werden auch Heunetze verwendet. Gute und richtige *Einstreu* trägt sehr zum Wohlbefinden des Pferdes bei. Beim Einstreuen gibt es verschiedene Möglichkeiten. Der Boden des Ständers oder der Box besteht entweder aus porösen Steinen oder aus Beton. Normalerweise kommt hierauf eine Lage aus Sägemehl oder ein Gemisch mit Torf.

Sauberkeit und Ordnung sind die Visitenkarte für jeden Reitstall

Es entsteht dann eine federnde Matratze. Auf diese wird die eigentliche Einstreu aufgebracht, die aus Roggen- oder Weizenstroh bestehen soll. Sie soll reichlich, frisch, sauber und trocken sein. Ein Auflockern der Einstreu, insbesondere abends, ist wichtig. Das Pferd deckt aus der Einstreu einen Teil seines Rauhfutterbedarfs. Das Auflockern der Einstreu soll

mit einer Mistgabel erfolgen, deren Zinken aber abgerundet sein müssen. Vorsicht ist hierbei geboten, um Verletzungen des Pferdes zu vermeiden. Vor Betreten des Ständers muß das Pferd angesprochen werden. Bei Unterlassung besteht die Gefahr, daß das Pferd erschrickt und ausschlägt. Man betritt den Ständer auf der linken Seite des Pferdes.
Pferde, die dazu neigen, zuviel Stroh zu fressen, erhalten eine Einstreu aus Torfmull. Der Kot des Pferdes wird mit einer Schaufel entfernt.

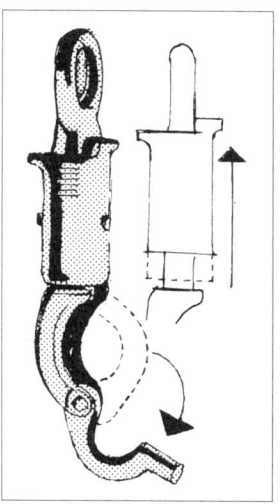

Anbinderiemen befestigt man am sichersten mit dem Panikhaken

Richtig angebundenes Pferd im Stall

Gesundheit und Leistungsfähigkeit des Pferdes hängen entscheidend von seiner Ernährung ab. Es gibt unter den Pferden schlechte Fresser und andere, die das aufgenommene Futter gut verwerten. Die Fütterung muß also individuell sein, sowohl in der Menge wie in der Zusammensetzung und der Häufigkeit des Fütterns. Ebenso hängt die Fütterung von der vom Pferde verlangten Arbeit ab. Es soll also zwischen Arbeit und Fütterung eine Wechselwirkung bestehen.

? *Was bekommt ein Pferd täglich?*

Ein Reitpferd bekommt bei durchschnittlicher Arbeitsleistung ein Grundfutter von 5 bis 6 kg Hafer, 5 bis 6 kg Heu und manchmal noch Zusatzfutter.

? *Welche Hauptgruppen von Futtermitteln unterscheiden wir?*

Rauhfutter, Saftfutter, Hartfutter sowie Mischfutter und Ergänzungsfutter.

? *Was gehört zum Rauhfutter?*

Heu und Stroh.
Hieraus deckt das Pferd seinen Rohfaserbedarf. Dieser ist durch andere Futtermittel nur begrenzt zu ersetzen. Wiesenheu aus dem 1. Schnitt eignet sich besser als 2. Schnitt, Kleeheu oder Luzerneheu.

? *Wie soll das Heu beschaffen sein?*

Es soll von grüner Farbe sein und gut riechen. Ein angemessener Gehalt an Kleearten und Kräutern ist wichtig. Frisches Heu darf erst nach einer Lagerung von 6 bis 8 Wochen verfüttert werden, wenn es durchgeschwitzt ist. Vorjähriges Heu zu verfüttern, ist sinnlos, weil es wesentliche Bestandteile wie Vitamine, Mineralstoffe und Spurenelemente verloren hat. Und gerade diese sind für die Ernährung des Pferdes wichtig. Dumpfiges und schlecht riechendes Heu führt leicht zu Koliken.

? *Was gehört zum Saftfutter?*

Grünfutter, Gras- oder Maissilage, Möhren, Futter-rüben.

Als *Grünfutter* werden meist gutes Wiesengras, aber auch Futterroggen und Futterhafer in der Zeit des Schoßens verwendet. Das Grünfutter muß täglich frisch gemäht und im Schatten in einer dünnen Schicht gelagert werden. Welkes oder erhitztes Grün-futter, besonders Klee, führt leicht zu schweren Koli-ken. Vor Fütterung von Kleefutter darf nicht getränkt werden. Ganz junges Grünfutter sollte mit Häcksel vermischt werden. Der Übergang vom Normalfutter zum Grünfutter sollte niemals von heute auf morgen, sondern allmählich erfolgen. *Grassilage* wird bei Pfer-den kaum eingesetzt, eher schon *Maissilage*, die bis zu einer Menge von 20 kg pro Tier und Tag Verwendung finden kann.

Unter den Rüben werden Mohrrüben besonders gern gefressen. Sie müssen vor der Fütterung gründlich gesäubert und das Kraut und der grüne Kopf entfernt werden. Runkelrüben können in Zeiten geringer Arbeit als Massenfutter verwendet werden.

? *Was gehört zum Hartfutter?*

Hafer, Gerste, Weizen, Mais, Leinsamen, Weizenkleie, Trockenschnitzel u. a.

Hafer ist immer noch das beste Getreide für Pferde. Andere Getreidearten haben bei uns kaum Bedeu-tung, dagegen, besonders in Mischungen, Weizenkleie und Leinsamen. Trockenschnitzel und Leinsamen erfordern bei der Verfütterung besondere Sorgfalt.

Weizenkleie, die gemahlen wird, hat einen hohen Vit-amin- und Eiweißgehalt und enthält viel Phosphorsäu-re. Sie wird vom Pferd gern genommen. Ersatzweise für 2 bis 3 Pfund Hafer gegeben, hat sie auf die Verdau-ung guten Einfluß.

Mash besteht aus Weizenkleie, Leinsamen und gequetschtem Hafer. Dieses Gemisch wird mit heißem Wasser übergossen und in lauwarmem Zustand gege-ben. Er eignet sich besonders für kranke und in der Genesung befindliche Pferde. Außerdem ist es rat-sam, während des Haarwechsels und nach außergewöhnlichen Anstrengungen Mash als Abendfutter zu geben.

Trockengrün wird durch Heißlufttrocknung aus Grünfutter gewonnen und in Würfelform gepreßt. Beim Übergang zum Füttern von Trockengrün ersetzen 0,5 kg Trockengrün 2 kg Hafer.

? *Wie muß der Hafer beschaffen sein?*

Er muß trocken, abgelagert und staubfrei sein. Dumpfig riechender oder schimmeliger oder ausgekeimter Hafer darf nicht verfüttert werden, weil er zu Erkrankungen, meist Kolik, führt. Im Regelfall wird der Hafer ganz verfüttert. Eine sortentypische Farbe der Spelzen hat keine Bedeutung für den Futterwert.

? *Was versteht man unter Mischfutter?*

Verschiedene Hartfutter werden von Mischfutterherstellern entsprechend den Bedürfnissen der Pferde mit Ergänzungsfuttern gemischt. Dabei kann auf Grundfutter in der Zusammensetzung Rücksicht genommen werden. *Alleinfutter* wird neben meist reinen Strohrationen für die Rohfaserversorgung mit allen Energieträgern ausgestattet, so daß anderes Hartfutter nicht mehr notwendig wird. Alleinfutter wird in Brikett- oder Pelletform in den Handel gebracht. Zu bevorzugen ist ein Futter mit möglichst viel Struktur und ohne Staubanteile.

? *Was gehört zu den Ergänzungsstoffen?*

Neben einer ausreichenden Menge Trockensubstanz, verdaulichem Eiweiß und Gesamtenergie als »Kraftträger« bedarf das Pferd Vitamine, Mineralstoffe und Spurenelemente, die nicht immer in ausreichender Menge in den Grundfutterrationen enthalten sind. Hierfür gibt es je nach Futterration und den Leistungsansprüchen des Pferdes Mineral- und Wirkstoffmischungen. Hierzu gehören auch die Lecksteine. In Mischfutter sind diese Anteile im allgemeinen in ausreichender Form enthalten.

? *Wie oft wird das Pferd täglich gefüttert?*

Am frühen Morgen, mittags und abends. Die größte
Futtermenge erhält des Pferd abends, weil es dann die
längste Zeit zum Verdauen hat und das Futter am
besten ausgenutzt wird.

? *Wie sollen Füttern und Tränken
vor sich gehen?*

Es soll im Stall möglichst Ruhe herrschen. Die Vorbereitung des Futters soll so vonstatten gehen, daß das
Füttern möglichst schnell erfolgen kann. Ein Putzen
des Pferdes während des Fressens ist auf jeden Fall zu
vermeiden. Futterneidische Pferde – das sind solche,
die zur Zeit des Fütterns unruhig werden -, sind in der
Box anzubinden. Sie erhalten ihr Futter zuerst. Entscheidend wichtig für die Gesundheit und das Wohlbefinden des Pferdes ist es, daß sich jedes Futter in
einwandfreiem Zustand befindet. Die Fütterung von
minderwertigem Futter, welcher Art auch immer,
schadet dem Pferd und ist letzten Endes auch unreiterlich. Das gesündeste Futter jedoch bietet nach wie
vor der Weidegang.

Tränken ist so wichtig wie Füttern.

Das Wasser muß klar, farb- und geruchlos und frei von
Beimengungen sein. Es bekommt dem Pferd am
besten, wenn es eine Temperatur von 9 bis 12 Grad
Celsius hat. Zu kaltes Wasser führt zu Erkältungen
und Störungen in den Verdauungsorganen. Zu war-
mem Wasser fehlt die erfrischende Wirkung.

Tränken erfolgt regelmäßig vor dem Füttern. In der
warmen Jahreszeit kann zusätzlich getränkt werden,
wenn ein Pferd ein Trinkbedürfnis erkennen läßt.
Grundsätzlich wird das Pferd satt getränkt, d. h. es
soll so lange trinken, wie es will. Bei Pferden, die zu
einem sehr gierigen Trinken neigen, legt man eine
Handvoll Heu auf das Trinkwasser. Stark erhitzte Pferde dürfen erst dann getränkt werden, wenn sie wieder
trocken sind und sich Atmung und Herz wieder beru-
higt haben.

Wie dem Hufbeschlag, kommt auch der richtigen Zäumung und Sattelung des Pferdes erhebliche Bedeutung zu. Die Zäumung – Trense oder Kandare – muß
dem Kopf des Pferdes genau angepaßt sein.

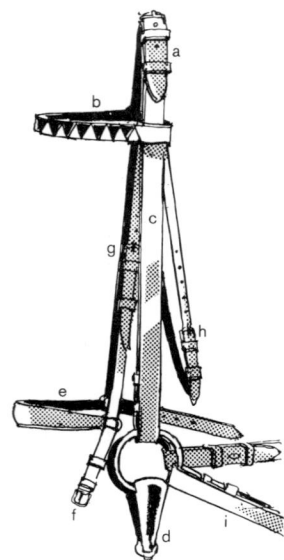

Trense mit hannoverschem
Reithalfter

a Kopf-(Genick-)Stück
b Stirnriemen
c Backenstücke
d Trensengebiß
e Nasenriemen
f Kinnriemen
g Reithalfter
h Kehlriemen
i Trensenzügel

D er Sattel muß dem Körperbau des Pferdes entsprechen. Nur dann wird sich das Pferd wohlfüh-
len und die von ihm erwartete Leistung erbringen.
Andernfalls wird das Pferd an Gehlust einbüßen und
Widerstand zeigen. Darüber hinaus führen falsche
Zäumung und Sattelung zu Verletzungen – wunde Stellen am Maul und Satteldruck –, die eine Arbeitsunterbrechung zur Folge haben.

? *Welche Arten von Halftern*
   sind gebräuchlich?

Hannoversches Reithalfter, Englisches Reithalfter,
Mexikanisches Reithalfter, Kombiniertes Reithalfter,
Bügeltrensenzaum.

? *Welche Arten von Zäumung*
   gibt es?

Zäumung auf Trense und Kandare. Im Freizeitreiten
werden noch andere Zäumungsarten verwendet.

? *Aus welchen Teilen besteht das*
   Zaumzeug bei der Trense?

Stirnriemen, Backenstück, Reithalfter mit Nasenriemen, Genickstück, Kehlriemen, Kinnriemen, Gebiß,
Zügel.

? *Wie soll der Stirnriemen*
   beschaffen sein?

Er soll der Kopfform angepaßt sein und dicht unterhalb der Ohren gut anliegen, ohne die Beweglichkeit
der Ohren zu beeinträchtigen. Der Schopf des Pferdes
wird unter dem Stirnriemen hervorgezogen, liegt also
über dem Stirnriemen.

? *Wie soll das Backenstück*
   beschaffen sein?

Es ist verschnallbar und kann so der Länge des Kopfes angepaßt werden.

? *Wie soll der Nasenriemen*
   beschaffen sein?

Er soll der Kopfform angepaßt sein und das Reithalfter muß so verschnallt werden, daß sein unterer Rand
vier Finger breit über dem oberen Nüsternrand liegt.

Ein zu lang geschnallter Nasenriemen kann die Atmung des Pferdes beeinträchtigen.

? *Wie soll das Genickstück beschaffen sein?*

Es soll der Kopfform angepaßt sein. Die Schnalle des Genickstücks soll genau über dem Genick des Pferdes liegen.

? *Wie soll der Kehlriemen beschaffen sein?*

Er soll so verschnallt werden, daß man bei vorgestrecktem Kopf des Pferdes eine Handbreit zwischen Backe und Kehlgang legen kann.

? *Wie soll der Kinnriemen beschaffen sein?*

Er ist mit dem Nasenriemen verbunden und soll so verschnallt sein, daß man zwei Finger flach unter den Nasenriemen schieben kann. Ein zu weit geschnallter Kinnriemen führt leicht zum Aufsperren des Mauls und auch zum Herübernehmen der Zunge über das Gebiß, ein schwerwiegender Mangel. Er soll so weit sein, daß das Pferd kauen kann.

? *Wie soll das Gebiß beschaffen sein?*

Das Trensengebiß, aus nichtrostendem Eisen bestehend, ist in sich beweglich. Man nennt es deshalb ein gebrochenes Gebiß. Es soll in allen Teilen abgerundet und ohne Kanten sein. Die Breite des Gebisses soll der Breite des Mauls entsprechen, d.h. die Enden des Gebisses sollen bei leicht anstehender Trense nur wenig nach rechts und links aus dem Maul herausra-

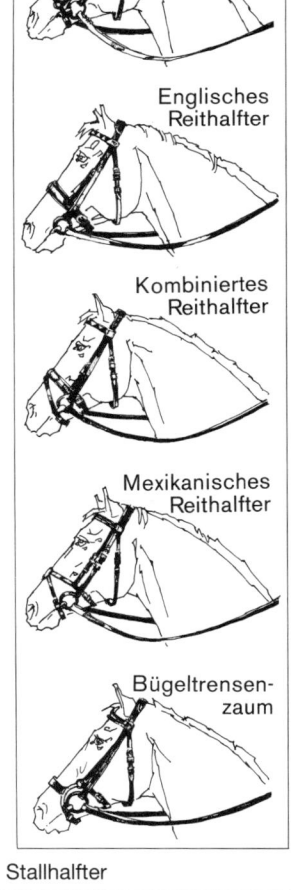

Hannoversches Reithalfter

Englisches Reithalfter

Kombiniertes Reithalfter

Mexikanisches Reithalfter

Bügeltrensen- zaum

Trense   Kandare   Stallhalfter

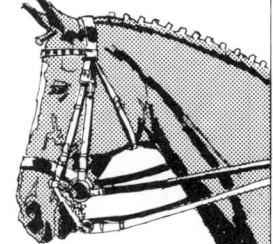

Erlaubte Gebisse

(Abbildungen zu LPO § 70 A.I.)

(Mindestdicke aller Gebisse, im Maulwinkel gemessen, 14 mm)

Aus: Leistungs-Prüfungs-Ordnung LPO)
    Deutsche Reiterliche Vereinigung
    e.V. (FN), Warendorf
    Neufassung 1994

Abb. 1:
Wassertrense (Material beliebig). Alle Prüfungsarten Kat. C, B, A.

Abb. 3:
Doppelt gebrochene Wassertrense (Material beliebig), auch mit flachem Mittelstück zulässig. Alle Prüfungsarten Kat. C, B, A

Abb. 2:
Gebogene Wassertrense mit Zungenwölbung (einfach gebrochen). (Material beliebig). Alle Prüfungsarten Kat. C, B, A.

Abb. 4:
Olivenkopftrense (Material beliebig), auch mit gebogenem Mundstück (vgl. 2) und mit durchlaufenden Trensenringen zulässig. Alle Prüfungsarten Kat. C, B, A.

Abb. 5:
Doppelt gebrochene Olivenkopftrense (Material beliebig), auch mit flachem Mittelstück und mit durchlaufenden Trensenringen zulässig. Alle Prüfungsarten Kat. C, B, A.

Abb. 6:
Renn- (D-) Trense (Material beliebig), auch mit gebogenem Mundstück (vgl. 2) zulässig. Alle Prüfungsarten Kat. C, B, A.

Abb. 7:
Doppelt gebrochene Renn-(D-) Trense (Material beliebig), auch mit flachem Mittelstück zulässig. Alle Prüfungsarten Kat. C, B, A.

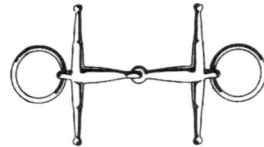

Abb. 8:
Schenkel-Trense (ohne Stegbefestigung), (früher Knebeltrense). (Material beliebig), auch mit gebogenem Mundstück (vgl. 2) zulässig. Alle Prüfungsarten Kat. B, A.

Abb. 9:
Doppelt gebrochene Schenkel-Trense (ohne Stegbefestigung), (Material beliebig), auch mit flachem Mittelstück zulässig. Alle Prüfungsarten Kat B, A.

Abb. 10:
Kunststoff-/Leder-/Gummitrense (ungebrochen, biegsam). Springpferde-, Jagdpferde-, Spring- und Geländeprüfungen Kat. B, A.

Abb. 11:
Ring-Wassertrense. Springpferde-, Jagdpferde-, Spring- und Geländeprüfungen Kat. B, A.

Abb. 12:
Doppelt gebrochene Ring-Wassertrense, Springpferde-, Jagdpferde-, Spring- und Geländeprüfungen Kat. B, A.

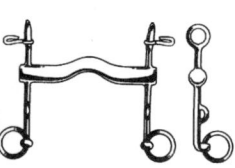

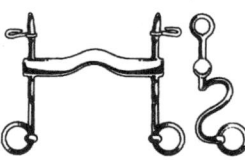

Abb. 13 c:
Unterlegtrense. (Material: wie bei Kandare; Metall identisch). Nur in Verbindung mit Kandare oder S-Kandare, auch in Olivenkopf- oder doppelt gebrochener Form (auch mit flachem Mittelstück) zulässig. Mindestdicke 10 mm. Dressurprüfungen Kat. B, A ab Kl. L auf Kandare.

Abb. 13 a/b:
Kandare/S-Kandare (auch mit Conrad-Stange zulässig). (Material: Metall oder Kunststoff). Zungenfreiheit 0 bis 30 mm. Dressurprüfungen Kat B; Kl. L gemäß Ausschreibung; Kat. B, A; Kl. M und S vorgeschrieben. In TP Dressur bei Vielseitigkeitsprüfungen der Kl. M und S zugelassen.

Abb. 13 d:
Kinnkette. Für Kandaren- und Pelham-Zäumung (bei Dressurprüfungen vorgeschrieben)

Abb. 14:
Gebrochene Springkandare (Material beliebig). Springpferde-, Geländepferde-, Jagdpferde- sowie Spring- und Geländeprüfungen Kat. B, A.

Abb. 15:
Doppelt gebrochene Springkandare (Material beliebig). Springpferde-, Geländepferde-, Jagdpferde- sowie Spring- und Geländeprüfungen Kat. B, A.

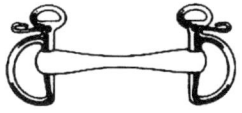

Abb. 16:
Kunststoff-/Leder-/Gummi-Springkandare (ungebrochen, biegsam). Springpferde-,Geländepferde-, Jagdpferde- sowieSpring- und Geländeprüfungen Kat. B, A.

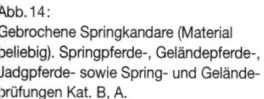

Abb. 17:
Gebrochenes Pelham (Material beliebig). Springpferde-, Geländepferde-, Jagdpferde- sowie Spring- und Geländeprüfungen Kat. B, A. Nur mit Zügelverbindung (Steg) zulässig.

Abb. 18:
Doppelt gebrochenes Pelham (Material beliebig). Springpferde-, Geländepferde-, Jagdpferde- sowie Spring- und Geländeprüfungen Kat. B, A. Nur mit Zügelverbindung (Steg) zulässig.

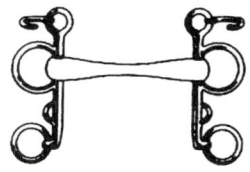

Abb. 19:
Kunststoff-/Leder-/Gummi-Pelham (ungebrochen, biegsam). Springpferde-, Geländepferde-, Jagdpferde- sowie Spring- und Geländeprüfungen Kat. B, A. Nur mit Zügelverbindung (Steg) zulässig.

gen. Die durch das Gebiß führenden Trensenringe dürfen nicht scheuern. Die Stärke des Trensengebisses richtet sich nach der Empfindlichkeit des Mauls und nach dem Grad der Nachgiebigkeit des Pferdes bei den Zügelhilfen. Ein dünneres Gebiß hat eine härtere, ein dickeres Gebiß eine weichere Wirkung. Grundsätzlich ist das Trensengebiß stärker als das Gebiß der Unterlegtrense bei der Kandare. Das Gebiß soll an den Maulwinkeln anliegen, diese aber nicht hochziehen. Ein zu hoch liegendes Gebiß führt zu Scheuerstellen und auch Verletzungen an den Mundwinkeln, ein zu tief liegendes Gebiß verführt das Pferd dazu, mit dem Gebiß zu spielen oder auch die Zunge über das Gebiß zu nehmen. Beides wirkt sich auf die Arbeit nachteilig aus.

? *Wie sollen die Zügel beschaffen sein?*

Sie bestehen, wie die übrigen Teile der Trense, meistens aus Leder. Am verbreitetsten sind Zügel, aus festem Gurtstoff oder solche, die mit einem Gummiüberzug versehen sind.

Richtig verpaßte Trense mit hannoverschem Reithalfter

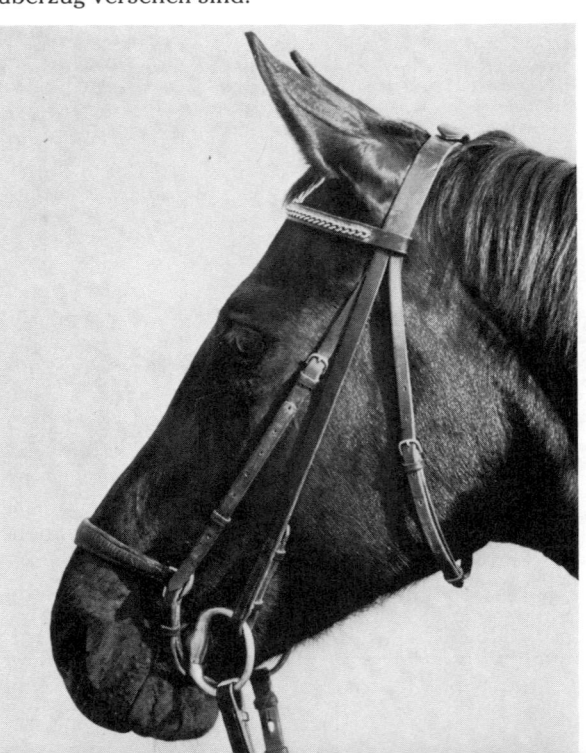

Die Zügel werden in die Trensenringe eingeschnallt. Bei Zügeln, die zusammengeschnallt sind, soll die linke Zügelhälfte etwas länger als die rechte sein. Hierdurch wird erreicht, daß bei aufgenommenen Zügeln die Schnalle der tiefste Punkt des rechts am Pferdehals herunterhängenden Zügelendes ist.

? *Wie wird die Trense*
aufgelegt?

Das Auftrensen erfolgt grundsätzlich im Stall, der dem Pferd vertrauten Umgebung. Steht das Pferd in einem Ständer, wird es *vor* dem Auftrensen gesattelt. Ein in einer Box stehendes Pferd wird zuerst aufgetrenst und dann gesattelt.

Der Reiter tritt an die linke Kopfseite des Pferdes heran mit Blick zum Kopf, und legt die Zügel über den Hals. Die rechte Hand, die Kopfstück und Nasenriemen hält, wird an der rechten Kopfseite des Pferdes nach oben geführt. In der linken, leicht geöffneten Hand ruht das Gebiß. Sie schiebt das Gebiß ins Maul, sodann bringt die rechte Hand das Genickstück über die Ohren. Bei Pferden, die das Maul nicht willig öffnen, empfiehlt es sich, den linken Daumen in die obere Maulspalte zu stecken. Der Nasenriemen wird heruntergelassen und mit dem Kinnriemen verschnallt. Nach dem Schließen des Kehlriemens wird der Schopf unter dem Stirnriemen hervorgezogen und etwa unter dem Genickstück liegende Mähnenhaare in der Fallrichtung der Mähne glattgestrichen.

Das Abtrensen vollzieht sich in umgekehrter Reihenfolge.

? *Warum gibt es außer der Zäumung auf*
Trense auch die auf Kandare?

Das junge Pferd wird immer auf Trense geritten. Nach Gewöhnung an das Gebiß konzentriert sich die Arbeit darauf, das Pferd an das Gebiß heranzureiten und es dazu zu bewegen, die ständige Verbindung zwischen Reiterhand und Maul selbst aufzusuchen. Danach lernt das junge Pferd die Zügelhilfen kennen annehmend und nachgebend und immer in Verbindung mit treibenden Hilfen. Es lernt die Nachgiebigkeit im Genick und die Rechts- und Linksstellung. Diese Ausbildung nimmt etwa ein Jahr in Anspruch. Normaler-

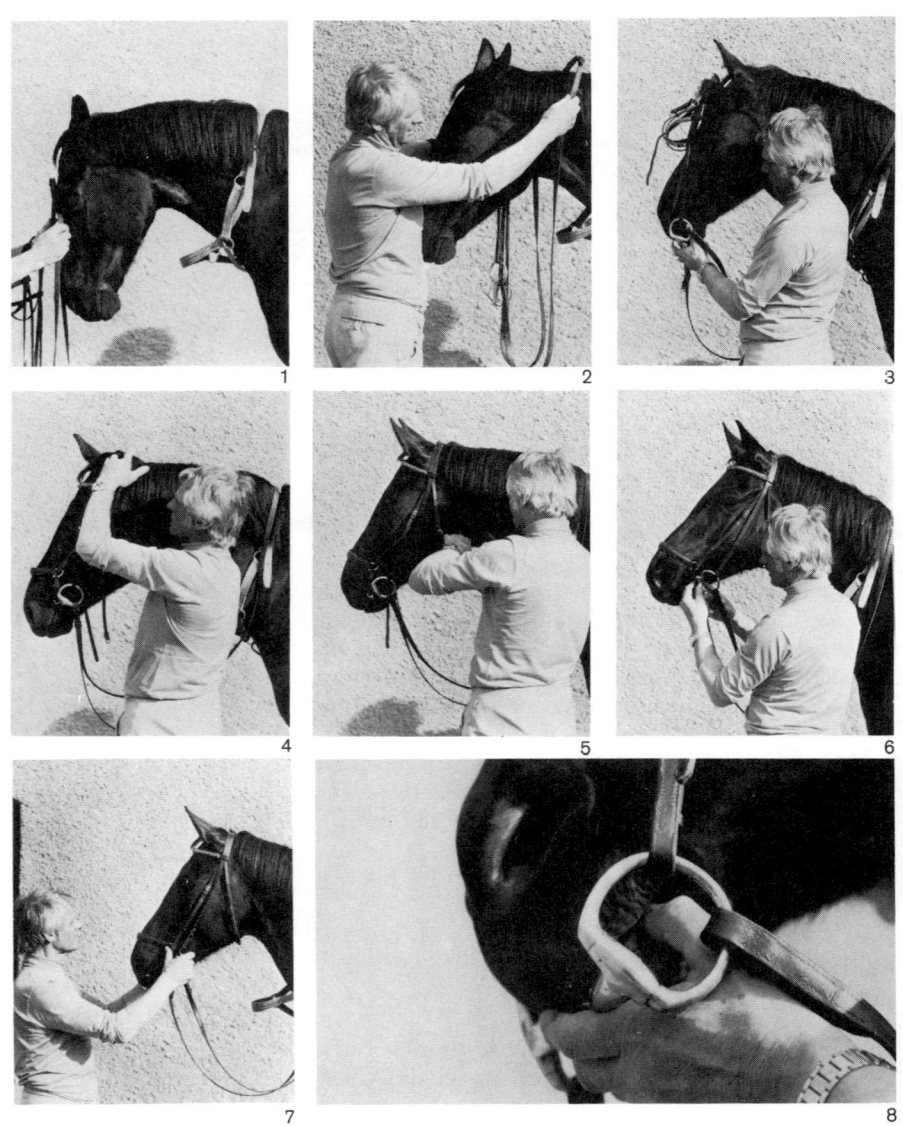

Das Auftrensen des
Pferdes in mehreren
Phasen.
Schlußbild:
Öffnen der Maulspalte
mit dem Daumen

weise steht das Pferd in allen Gangarten dann am
Zügel.

Erst wenn dieser Zustand erreicht ist, kann man auf
die Zäumung auf Kandare übergehen. Sie ist in der
Hand des Könners die feinere Art der Zäumung und
für die höheren Anforderungen in der Dressur unum-

gänglich. Der Reiter, der von der Kandare in der richtigen Weise Gebrauch zu machen versteht, kann mit der Hand feiner einwirken und kommt dadurch eher zu einem von den Zügeln unabhängigen Sitz. Dem Pferd muß genügend Zeit gegeben werden, sich an die Kandare zu gewöhnen. Erst dann beginnt der Reiter, mit der Kandare vorsichtig einzuwirken. Die Trense – hier Unterlegtrense – muß immer vorherrschen. Ein harter Einsatz der Kandare fordert den Widerstand des Pferdes heraus und führt auf die Dauer zur völligen Unnachgiebigkeit. Hier hilft dann nur, zur Zäumung auf Trense für einen gewissen Zeitraum zurückzukehren, um das Pferd wieder durchlässig zu machen.

Beim Reiten auf Kandare soll die Trense solide, die Kandare dagegen nur leicht anstehen. Beim Reiten von Wendungen ist auf das Ordnen der Zügel besonders zu achten. Steht der äußere Kandarenzügel zu stark an, ist das Pferd nicht in der Lage, sich der Wendung entsprechend zu stellen. Das Durchhängenlassen des inneren Kandarenzügels ist fehlerhaft.

Während früher ausschließlich die Zügelführung 3 zu 1 – linker Trensenzügel und beide Kandarenzügel in der linken Faust, rechter Trensenzügel in der rechten Faust – üblich war, ist man seit einigen Jahren zur Zügelführung 2 zu 2 übergegangen. Die rechte und die linke Zügelfaust führen je einen Trensen- und Kandarenzügel, wobei die Trensenzügel außen liegen. Bei dieser Zügelführung muß die Neigung vieler Reiter, von der Kandare zuviel Gebrauch zu machen, ständig bekämpft werden.

? *Aus welchen Teilen besteht die Kandare?*

Genickstück, Stirnriemen, Trensenbackenstück, Kandarenbackenstück, Kehlriemen, Nasenriemen, Unterlegtrense (Gebiß), Kandarengebiß mit Kinnkettenhaken, Kinnkette, Trensenzügel, Kandarenzügel. Alle Teile der Kandare müsssen der Kopfform des Pferdes angepaßt werden. Der *Nasenriemen* liegt hier deutlich höher und zwar acht Finger breit über dem oberen Nüsternrand oder 1 bis 2 cm unter der Jochbeinleiste. Das *Trensengebiß*, das hier schwächer als bei einer normalen Trense ist, soll an den Maulwinkeln anliegen, diese aber nicht hochziehen.

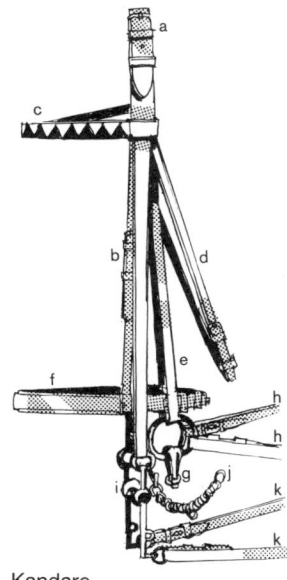

Kandare

a Genickstück
b Kandarenbackenstück
c Stirnriemen
d Kehlriemen
e Trensenbackenstück
f Nasenriemen
g Unterlegtrense
h Trensenzügel
i Kandarengebiß mit Haken für die Kinnkette
j Kinnkette
k Kandarenzügel

Zügelführung auf Kandare

Die Kandare soll so im Pferdemaul liegen, daß sich das *Gebiß* etwa in gleicher Höhe mit der Kinnketten- grube befindet, ohne die Hakenzähne zu berühren. Das Kandarengebiß ist starr, ein sogenanntes Stan- gengebiß. Die Breite des Gebisses soll der Breite des Mauls genau angepaßt sein. Das Obergestell soll etwas nach außen gebogen sein, um Verletzungen in der Maulgegend zu vermeiden.

Bei empfindsamen Pferden ist eine Kandare mit gerin- ger Zungenfreiheit und kurzen Anzügen zu empfehlen. Bei Pferden, die dazu neigen, die Zunge über das Gebiß zu nehmen, sollte die Zungenfreiheit größer sein. Die *Kinnkettenhaken* sollen nach außen gebogen sein. Hierdurch wird das Einlegen der Kinnkette erleichtert und es werden Verletzungen am Pferde- maul vermieden.

Die *Kinnkette* soll nach rechts glatt ausgedreht sein und in der Kinnkettengrube liegen. Sie ist dann richtig eingelegt, wenn bei anstehenden Kandarenzügeln zwi- schen Kandare und Maulspalte ein Winkel von 45 Grad gebildet wird. Ist dieser Winkel größer, so spricht man von einer durchfallenden Kandare. Ist der Winkel kleiner als 45 Grad, spricht man von einer strotzenden Kandare.

Die *Kandarenzügel* sind schmaler als normale Tren- senzügel, jedoch fast ebenso stark wie die Zügel der Unterlegtrense.

? *Wie wird die Kandare aufgelegt?*

Hier gilt sinngemäß dasselbe wie bei der Aufzäumung auf Trense.

? *Welche Hilfszügel gibt es?*

Ausbindezügel und Ringmartingal.
Die Verwendung von Hilfszügeln sollte so wenig wie möglich erfolgen. Sie sind niemals ein Ersatz für die richtige Einwirkung des Reiters.

Ausbindezügel – sie werden am Sattelgurt rechts und links unter den Sattelblättern eingeschnallt und in die Trensringe eingehakt – bewirken, daß sich das Pferd auf mechanische Weise beizäumt. Für am Anfang der Ausbildung stehende Reiter, die noch nicht in der Lage sind, ein Pferd beizuzäumen und in Beizäumung zu reiten, sind Ausbindezügel zu empfehlen, weil nur das beigezäumte Pferd im Rücken schwingt und nur ein schwingender Rücken den Reitern einen guten Sitz ermöglicht. Eine gleiche Wirkung haben *Stoßzügel*, die zwischen den Vorderbeinen zum Bauchgurt laufen. Der Ausbindezügel findet auch beim Longieren eines Pferdes Verwendung.

Das *Ringmartingal* findet nur beim Springen und beim Geländereiten Verwendung. Es soll so verpaßt sein, daß bei leichter Beizäumung der anstehende Zügel nicht gebrochen ist, sondern eine gerade Linie bildet. Das Martingal darf also keine Hebelwirkung haben. Es dient lediglich dazu, das Kopfschlagen des Pferdes zu verhindern.

Doppelte Ausbindezügel oder Schlaufzügel gehören nicht in die Hand des Anfängers, soweit sie überhaupt eingesetzt werden.

Richtig und falsch verschnalltes Martingal

richtig   falsch

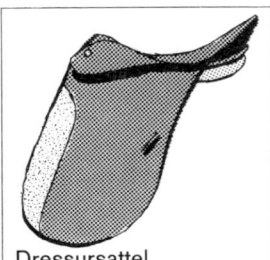

Dressursattel

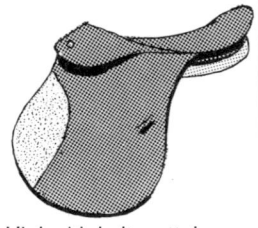

Vielseitigkeitssattel

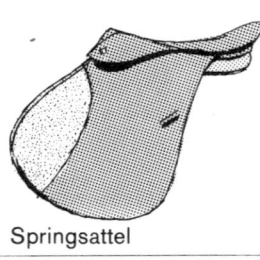

Springsattel

? *Welchen Sattel verwendet man?*

Den Dressursattel für dressurmäßiges Reiten; den Vielseitigkeitssattel für dressurmäßiges Reiten, Reiten im Gelände und über Sprünge; den Springsattel nur zum Reiten über Sprünge.

Der *Dressursattel* hat nahezu senkrecht verlaufende und längere Sattelblätter. Hierdurch soll verhindert werden, daß der mit tiefem Knie und langen Bügeln reitende Reiter die Sattelbänder in die Höhe schiebt.

Der *Vielseitigkeitssattel* hat etwas nach vorn ausschwingende und etwas kürzere Sattelblätter. Die Sattelblätter sind an ihrem vorderen Teil mit flach auslaufenden, weichen Polstern unterlegt (Pauschen). So erhält das Knie des Reiters eine festere Lage.

Beim *Springsattel* schwingen die Sattelblätter noch etwas mehr vor und sind ebenfalls mit weichen Polstern unterlegt.

? *Was ist bei der Wahl eines Sattels zu beachten?*

Der Sattel muß individuell sorgfältig verpaßt werden. Das Verpassen geschieht am besten ohne Unterlegdecke. Der Sattel muß auf dem Pferderücken überall und gleichmäßig aufliegen; der tiefste Punkt des Sattels soll sich in der Mitte der Sitzfläche befinden. Besonders wichtig ist es, daß die Sattelkammer soviel Spielraum hat, daß der Widerrist nicht berührt wird. Als Satteldecke, die in ihrer Form und Größe dem Sattel entsprechen muß, verwendet man meistens eine Filzdecke. Sie wird durch dünne Lederriemen, die zwischen Schweißblatt und Sattelblatt verlaufen, am Sattel gehalten.

Ein Sattel mit zu enger Sattelkammer führt leicht zu einer Wunde am Widerrist, die nur langsam heilt und eine Arbeitsunterbrechung zur Folge hat. Ein nicht gleichmäßig aufliegender Sattel führt zu Satteldrükken, durch die das Pferd ebenfalls für länger ausfällt.

? *Welche Teile gehören zum Sattel?*

Sattelkammer, Vorderzwiesel, Sitzfläche, Hinterzwiesel, Sattelpolster, Schweißblätter, Sattelblätter,

Sattelgurtstrippen, Steigbügelriemen, Steigbügel und Sattelgurt.

Die *Steigbügelriemen*, die verstellbar sind, sind am obersten Teil des Sattelblattes in einer waagerecht verlaufenden Öse aufgehängt, die hinten einen nach oben führenden Fortsatz hat, aber offen ist. Dies ist eine Vorsichtsmaßnahme. Stürzt der Reiter, so muß sich der Bügelriemen mit Steigbügel vom Sattel lösen können. Ein Hängenbleiben des Reiters im Bügel kann zu schweren Unfällen führen.

Die *Steigbügel* sollen so breit und hoch sein, daß der Fuß des Reiters bequem darin Platz hat. Solche Bügel erleichtern das Aufnehmen beim Aufsitzen und verhindern das Hängenbleiben im Bügel im Falle eines Sturzes. Die Steigbügel sollen schwer sein. Ein leichter Bügel gibt dem Fuß des Reiters einen weniger guten Halt und erschwert das Aufnehmen nach dem Verlieren. Gummieinlagen, die mit einem Riemen befestigt werden, können dazu beitragen, das Verlieren des Bügels beim Reiten zu mindern. Sie sind aber für den geübten Reiter nicht erforderlich.

Der *Sattelgurt* besteht zweckmäßigerweise aus mehreren festen und gedrehten Leinenstrippen, die durch Verbindungsstege zusammengehalten werden. Die kleinen Zwischenräume zwischen den einzelnen Strippen gewährleisten einen guten Sitz des Sattelgurts.

Die Verwendung eines Sattelgurts aus geschmeidigem Leder empfiehlt sich nur dann, wenn das Pferd neben einer guten Sattellage auch eine ausgeprägte Sattelgurtlage hat.

Jeder Sattel sollte *drei Sattelgurtstrippen* (am Ende) haben, von denen zwei zum Befestigen des Sattels dienen. Die dritte Gurtstrippe dient als Reserve.

? *Wie sattelt man ein Pferd?*

Das Satteln erfolgt grundsätzlich im Ständer oder in der Box. Den Sattel mit dem linken Arm haltend, tritt der Reiter an die linke Seite des Pferdes heran. Der Sattelgurt liegt hierbei über dem Sattel. Das Auflegen des Sattels erfolgt behutsam, und zwar zunächst etwas vor der Sattellage. Sodann wird der Sattel in Haarrichtung in die Sattellage geschoben, damit das Haar unter dem Sattel glatt bleibt. Die Satteldecke wird in die Sattelkammer hineingezogen. Etwa unter

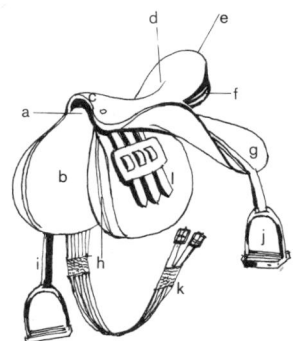

a Sattelkammer
b Schweißblatt
c Vorderzwiesel
d Sitzfläche
e Sattelkranz
f Sattelpolster
g Sattelblatt
h Pausche
i Steigbügelriemen
j Steigbügel
k Sattelgurt
l Strupfen

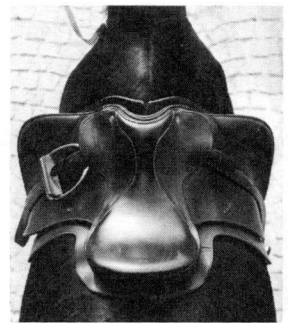

Richtig aufgelegter Sattel mit links hochgenommenem Steigbügel

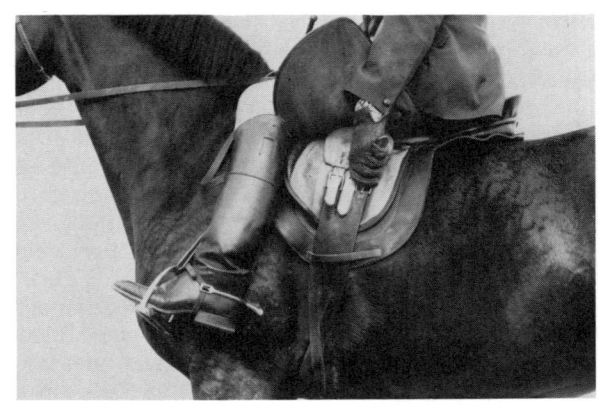

Nachgurten

Richtig gesatteltes Pferd

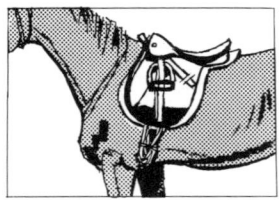

Schlecht gesatteltes Pferd
mit verdrehtem Sattelgurt

dem Vorderzwiesel befindliche Mähnenhaare werden glatt gestrichen. Man tritt, vorn herumgehend, auf die rechte Seite des Pferdes, um zu prüfen, ob Sattel und Satteldecke korrekt liegen. Dabei läßt man den Sattelgurt heruntergleiten, der von der linken Seite eingeschnallt und zunächst nur leicht angezogen wird. Ein festeres Anziehen des Sattelgurts erfolgt dann vor dem Aufsitzen. Ein endgültiges Anziehen des Sattelgurtes, das Nachgurten, erfolgt, sobald sich das Pferd nach einiger Bewegung völlig entspannt hat. Von Sattelzwang spricht man bei Pferden, die erst nach längerer Zeit das feste Anziehen des Sattelgurts erlauben. Dies ist keine Untugend! Daher sind bei solchen Pferden Geduld und Ruhe erforderlich.

Nach dem Absitzen nach getaner Arbeit soll der Sattelgurt zur Erleichterung des Pferdes sofort gelockert werden. Die Steigbügel werden dann hochgeschoben, und der Steigbügelriemen wird durch die Öffnung des Steigbügels gesteckt, um ein Heruntergleiten des Bügels zu verhindern.

? *Wie werden Zaumzeug und Sattelzeug gepflegt?*

Beide sollen nicht im Stall selbst, sondern in einem besonderen Raum mit Tür, einer Sattelkammer, aufbewahrt werden, die immer gut gelüftet sein muß und eine möglichst gleichmäßige Temperatur haben soll. Durch Feuchtigkeit, Ausdünstungen der Pferde und dem Mist entströmenden Ammoniak werden die Haltbarkeit und Lebensdauer von Zaum- und Sattelzeug beeinträchtigt. Alle Lederteile werden mit einem feuchten Schwamm und Sattelseife gereinigt, danach getrocknet und etwa wöchentlich einmal mit Lederfett eingerieben, um ihre Geschmeidigkeit zu erhalten. Lediglich mit Sattelseife werden die Teile des Sattels behandelt, die mit Gesäß und Schenkeln des Reiters in Berührung kommen.

Sättel aus Wildleder werden von Zeit zu Zeit mit einer dafür geeigneten Bürste aufgerauht.

Die Satteldecke wird mit einer Bürste gereinigt und von Zeit zu Zeit gewaschen. Wichtig ist, daß sie immer geschmeidig bleibt und nicht hart wird. Eine harte Satteldecke kann zu Scheuerwunden führen. Der Reiter muß sich laufend davon überzeugen, ob Zaum- und Sattelzeug in ordnungsgemäßen Zustand sind. Dies gilt besonders für die Zügel und die Steigbügelriemen. Durch plötzliches Reißen z.B. eines Zügels kann der Reiter die Gewalt über das Pferd verlieren. Dadurch können Unfälle, insbesondere im Gelände und auf dem Springplatz, eintreten. Ebenso kann ein gerissener Steigbügelriemen zu schweren Sturzverletzungen führen.

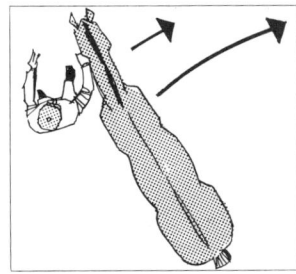

Beim Führen die Wendungen immer nach rechts machen

 Wie wird ein Pferd vorgeführt?

Bei Materialprüfungen und bei Verfassungsprüfungen, besonders im Zusammenhang mit Vielseitigkeitsprüfungen, müssen die Pferde den Richtern zur Beurteilung ihres Gebäudes bzw. zur Begutachtung ihrer körperlichen Verfassung ungesattelt vorgestellt werden.

Der Reiter nimmt die Zügel vom Hals und tritt an die linke Seite des Pferdes. Die rechte Hand ergreift beide Zügel etwa zwei Handbreit hinter den Trensenringen, wobei der rechte Zeigefinger zwischen den Zügeln liegt. Die Zügelenden werden zusammengelegt und in die rechte Hand genommen.

Das Anführen erfolgt immer im Schritt. Nach einigen Pferdelängen geht der Reiter zum Trabe über, wobei er mit dem Pferde im gleichen Takt laufen muß. Ein heftiges oder angaloppierendes Pferd wird mit Hilfe der Zügel reguliert. Das Vorführen muß immer auf einer geraden Linie erfolgen. Jede Wendung, die nur im Schritt erfolgen darf, muß nach rechts ausgeführt werden. Bei einer fälschlichen Wendung nach links,

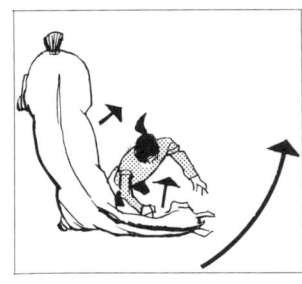

Falsche Wendung nach links: Der Reiter hat so keine Gewalt über das Pferd

Gefahr von Verletzungen an den Pferdebeinen

Richtiges Führen des Pferdes am Zügel   Falsche und leichtfertige
                                                      Führung des Pferdes

die meist auf einem zu engen Boden ausgeführt wird,
besteht die Gefahr, daß das Pferd sich einen Kronen-
tritt zuzieht.

? *Wie soll ein Pferd bei einer Materialprüfung*
! *aufgestellt werden?*

Es soll so stehen, daß es sich dem beurteilenden Richter am günstigsten präsentiert. Wenn z.B. der Richter
die linke Körperseite des Pferdes betrachtet, so soll
der linke Vorderfuß des Pferdes etwas vor dem rechten Vorderfuß und der linke Hinterfuß etwas hinter
dem rechten Hinterfuß stehen. Der Hals soll in seiner
vollen Länge sichtbar werden und, wie der Kopf,
etwas nach oben getragen werden. Das Pferd soll
ruhig stehen.
Zur Aufstellung stellt sich der Reiter mit gespreizten

Korrekte Aufstellung

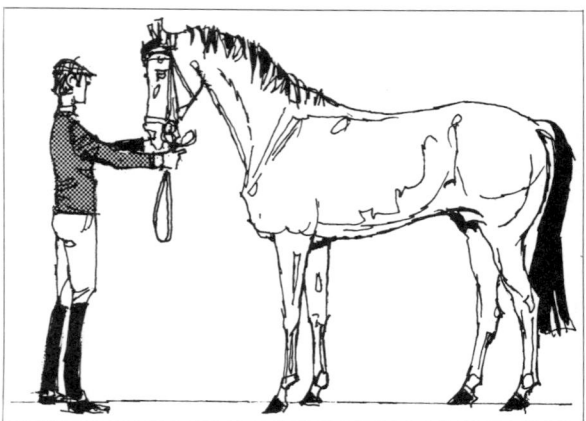

Beinen vor das Pferd. Rechte und linke Hand erfassen
je einen Zügel etwa zwei Handbreit unterhalb der
Trensenringe. Das Zügelende liegt zusammengenommen in der rechten Hand. Durch leichte Bewegung mit
den Zügelfäusten lenkt der Reiter die Aufmerksamkeit
des Pferdes auf sich selbst. Korrekturen in der Aufstellung müssen immer nach vorwärts ausgeführt
werden.

? *Was ist Longieren?*

Longieren ist die Arbeit eines Pferdes ohne Reiter,
wobei das Pferd normalerweise gezäumt und gesattelt
ist.

? *Was wird zusätzlich zum Longieren
benötigt?*

Eine Longe, 7 m lang; Ausbindezügel und eine lange
Peitsche, hochgebundene Bügel. Zweckmäßig ist die
Verwendung eines Kappzaumes sowie von Bandagen
oder Gamaschen an den vorderen Beinen.

? *Wie bewegt sich das Pferd
beim Longieren?*

Es bewegt sich auf einem Kreisbogen um den in der
Mitte der Bahn oder des Reitplatzes stehenden Reiter
an der Longe herum, und zwar in allen drei Gangarten.

? *Wie geht das Longieren
vor sich?*

Die Longe ist etwa 7 m lang und wird so im Trensenring verschnallt, daß Trensenring und Reithalfter
erfaßt werden, um jede Störung im Maul zu vermeiden, sofern nicht sowieso ein Kappzaum verwendet
wird. Bei einem jungen Pferd werden die Ausbindezügel nicht benutzt, um ihm volle Hals- und Kopffreiheit
zu belassen. Ältere Pferde werden mit Ausbindezü-
geln longiert, wobei der jeweils innere Ausbindezügel
etwas kürzer sein muß, um dem Pferd die korrekte
Innenstellung geben zu können. Die Peitsche, die auf
die Hinterhand des Pferdes gerichtet ist, sorgt dafür,
daß das Pferd die gewünschte Gangart beibehält. Die

Richtig verschnallter   Longe steht richtig an   Longe hängt duch
Hilfszügel

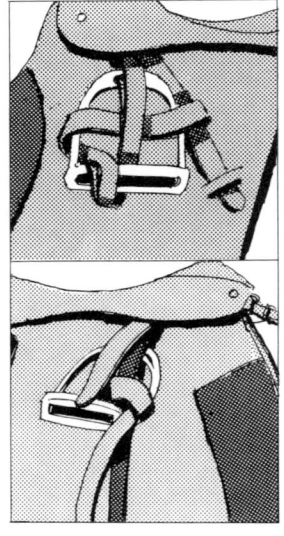

Befestigen der Steigbügel
beim Longieren

Verkürzen der Trensenzügel
beim Longieren

Stimme des Reiters ist beim Longieren besonders wichtig. Durch ein langgezogenes »Schritt«, »Trab« oder »Galopp« kann er das Pferd schnell daran gewöhnen, in die gewünschte Gangart überzugehen. Die Trense bzw. die Kandare hat beim Longieren keinerlei Funktion. Sie ist an ihrem Ende am Vorderzwiesel des Sattels befestigt und wirkt auf das Pferdemaul nicht ein.

? Welche Pferde werden longiert?

Junge Pferde in der ersten Zeit ihrer Ausbildung bis zum ersten Aufsitzen des Reiters. Das Longieren kann aber auch fortgesetzt werden, nachdem sich das Pferd an das Reitergewicht gewöhnt hat.

– Ältere Pferde zum Lösen und Entspannen vor der eigentlichen Arbeit im Sattel.
– Pferde, deren Reiter am Reiten verhindert sind.
– Pferde, die wegen eines Satteldrucks nicht geritten werden können. Sie werden selbstverständlich ohne Sattel longiert.
– Pferde, die nach Erkrankungen wieder allmählich an die Arbeit gewöhnt werden müssen.

Longieren ist eine Kunst. Es führt erst dann zum Erfolg, wenn der Reiter über eine gute Erfahrung verfügt. Es ist ein gewisser Ersatz für die Arbeit im Sattel, wenn es von der Hand eines Kenners ausgeübt wird. Longieren mit dem Reiter im Sattel ist eine sehr gute Übung für den Anfänger, der dadurch schneller zu einem sicheren und guten Sitz kommt. Für ältere Reiter empfiehlt es sich von Zeit zu Zeit, um ihren Sitz zu verbessern.

Das Freizeitreiten hat in den letzten Jahren eine stürmische Aufwärtsentwicklung genommen und ist weiter im Zunehmen begriffen. Damit kann wohl die Zeit, in der das Reiten noch einen exklusiven Charakter hatte, als endgültig überwunden angesehen werden. Der Freizeitreiter bewegt sich mit seinem Pferd fast ausschließlich im Gelände, in der freien Natur. Mit der gesundheitsfördernden körperlichen Betätigung im Sattel verbindet sich die wachsende Freude am Pferd. Bei dem meist längeren Zusammensein mit dem Pferd, sei es bei einem mehrstündigen Spazierritt, bei Wochenendritten oder beim Wandern zu Pferde über mehrere Tage, wird sich der Kontakt zum Pferd meist schnell vertiefen und Reiter und Pferd werden zu einer glücklichen Gemeinschaft zusammenwachsen. Daß hiermit eine Verbesserung der reiterlichen Praxis verbunden ist, ist ein zusätzlicher Gewinn.

Welche Bedeutung die FN dem Freizeitreiten zumißt, kommt darin zum Ausdruck, daß sie einen »Ausschuß für Freizeitreiten und Breitensport« ins Leben gerufen hat, der wegen seiner grundsätzlichen Bedeutung heute »Ausschuß für Allgemeinen Reit- und Fahrsport« heißt. Dieser Ausschuß steht gleichrangig neben den bereits bestehenden Ausschüssen. Seine Aufgabe ist es, den Freizeitreitern die Hilfe zuteil werden zu lassen, deren sich die Reiter im Leistungssport und im Höchstleistungssport bereits erfreuen. Daß sich das Freizeitreiten, wie der übrige Reitsport, in gewissen Formen und nach gewissen Grundsätzen praktizieren muß, wird jedem Einsichtigen einleuchten. Das Freizeitreiten vollzieht sich, wie schon gesagt, im Gelände, d.h. also in der Öffentlichkeit. Die Freizeitreiter stehen also viel öfter unter Beobachtung als die Reiter, die ihr Pferd in der Stille der Reithalle oder auf dem Reitplatz arbeiten. Das Urteil über die Reiterei ganz allgemein, positiv oder negativ, wird sich nicht wenig am Verhalten der Freizeitreiter ausrichten.

Im einzelnen sieht die Prüfung im Fach Freizeitreiten folgendes vor:

Kenntnisse der Besonderheiten in Haltung und Ausbildung von Pferden für die verschiedenen Gebrauchszwecke im Freizeitsport

Für die Freizeitreiterei haben sich neben den Warmblutpferden insbesondere verschiedene Ponyrassen wie Haflinger, Fjordpferde und Isländer als besonders zweckmäßig und finanziell vorteilhaft erwiesen. Daneben finden Ponys verschiedener Abstammung mit gutem Erfolg Verwendung.

Robusthaltung Die *Robusthaltung* ermöglicht auch dem weniger bemittelten Reiter die Haltung eines eigenen Pferdes, weil sie billig ist. Sie kann unterschiedliche Formen haben. Allen Formen gemeinsam ist aber, daß es den Pferden während des ganzen Jahres weitgehend selbst überlassen ist, sich im Freien oder in einer Schutz bietenden Baulichkeit aufzuhalten. Diese Pferde kennen also keinen festen Stall, den sie regelmäßig aufsuchen können. Sie sind sich selbst überlassen und können ihren Bewegungstrieb voll und ganz befriedigen. Dennoch versteht es sich von selbst, daß diese Pferde einer gewissen Aufsicht bedürfen, um bei Erkrankungen rechtzeitig eingreifen zu können.

Für die Haltung der Pferde bieten sich in erster Linie große Weideflächen an, auf denen Rinder und Pferde gemeinsam weiden können. Gewisse Stellen werden von den Rindern gemieden. Und diese werden von den Pferden bevorzugt. Ein besonderer Vorteil großer Weiden liegt darin, daß die Pferde genügend Bewegungsfreiheit haben, eine wesentliche Voraussetzung für eine gute Kondition.

Bei kleineren Weiden wird die Futtergrundlage schneller erschöpft sein. Auf den Weiden muß die Wasserversorgung sichergestellt sein.

Während vom Frühjahr bis zum Herbst eine Fütterung der Pferde nicht erforderlich ist – unter der Voraussetzung, daß die Weideflächen ausreichend Futter hergeben –, ist die Fütterung in den Wintermonaten selbstverständlich.

Die Pflege der Robustpferde wird nicht regelmäßig möglich sein, wie es bei einem normalen Reitpferd erforderlich ist. Dennoch sollte jeder Freizeitreiter anstreben, sein Pferd so oft wie möglich zu putzen, weil Putzen den Blutkreislauf belebt und damit das Wohlbefinden des Pferdes fördert.

Dem Hufbeschlag der Robustpferde und der Pflege der Hufe ist ständige Aufmerksamkeit zu widmen. Ein neuer Hufbeschlag sollte einige Tage *vor* einem längeren Ausritt vorgenommen werden.

Die *Ausbildung* von Pferden für das Freizeitreiten **Ausbildung**
beginnt wie bei normalen Reitpferden. Nach der
Gewöhnung an Zäumung – meistens Trense, aber
auch Bosal und Hackamore finden Verwendung – und
Sattelung beginnt das Aufsitzen und damit die Gewöhnung an das Reitergewicht. Alles vollzieht sich im
Freien. Die Pferde lernen die treibenden und verhaltenden Hilfen des Reiters kennen. Der Gebrauch einer
einfachen Gerte ist anfänglich zweckmäßig. Wesentlich ist, daß das Pferd in allen Gangarten willig vorwärts geht, ohne zu stürmen. In der Ausbildung im
Galopp sollte das Pferd an die korrekten Galopphilfen
des Reiters gewöhnt werden.
Anzustreben ist, daß die Pferde als Folge der richtigen
Ausbildung in etwa am Zügel stehen. Nur ein am Zügel
stehendes Pferd schwingt im Rücken. Und nur ein
schwingender Pferderücken erlaubt es dem Reiter,
geschmeidig, bequem und auch bei längeren Ritten
kaum ermüdend zu sitzen. Dies gilt auch für das
Leichttraben, in dem im Gelände ausschließlich geritten wird, mit regelmäßigem Fußwechsel nach längeren Reprisen.
Endziel der Ausbildung muß es sein, die Pferde durch
systematisches, sich langsam steigerndes Training in
eine Kondition zu bringen, in der sie auch langdauernde Ritte unter sparsamem Kräfteeinsatz ohne Scha-
den bewältigen können. Nicht genügend trainierte
Pferde erleiden Schäden an ihrer Gesundheit und
zwingen unter Umständen, einen Ausritt abzubrechen
bzw. das Pferd nach Hause zu führen.
Was für das Pferd gilt, gilt auch für den Reiter. Auch er
bedarf einer Ausbildung. Sie sollte so weit gediehen
sein, daß er ein Pferd in allen Gangarten beherrscht,
d.h. daß er sicher im Sattel sitzt. Nur dann kann er
sich selbst und andere vor Unfällen bewahren.
Er wird nur dann den Anstrengungen eines länger dau-
ernden Rittes gewachsen sein, wenn er sich durch
systematisches Training in die erforderliche körperliche Verfassung bringt. Andernfalls wird aus der
anfänglichen Freude eine Qual.

Zur Ausbildung tritt die *Erziehung* hinzu. Hierzu **Erziehung**
gehört insbesondere, daß das Pferd bei Zäumung und
Sattelung und beim Auf- und Absitzen absolut ruhig
steht. Das ruhige Stehen muß sehr oft geübt werden
und dem Pferd zur Selbstverständlichkeit werden. Die

gleiche Übung sollte auch im Gelände immer wiederholt werden, gleichgültig, ob man sich allein oder in der Gruppe befindet.

Zur Erziehung gehört weiterhin, daß die Pferde daran gewöhnt werden, sich ohne Mühe auf der Weide einfangen zu lassen. Eine kleine Futtergabe und eine ruhige Sprache wird eine anfängliche Scheu schnell überwinden. Anders ausgedrückt: Der Reiter soll bemüht sein, zwischen sich und seinem Pferd ein Vertrauensverhältnis herzustellen.

Für das Freizeitreiten sind neben den vorher erwähnten Pferden auch alle anderen Warmblutpferde verwendbar. Diese sind aber zumeist an die Haltung und Fütterung im Stall gewöhnt und daher in ihrer Haltung wesentlich kostspieliger.

Führung von Reitergruppen bei Ausritten

Die Führung muß immer in der Hand eines Reiters mit weitreichenden Erfahrungen liegen. Nur ein solcher Reiter ist in der Lage, den Teilnehmern und den Pferden in Krisensituationen zu helfen.

Ausritte können in Form von Spazierritten, Wochenendritten und Streckenritten durchgeführt werden.

Spazierritte sind besonders für naturverbundene Menschen geeignet. Sie dienen der Erholung und sind gesundheitsfördernd. Die Freude an Spazierritten wird besonders groß sein, wenn der Reiter über ein Pferd verfügt, das willig vorwärts geht, gehorsam ist und nicht scheut.

Wochenendritte sind ausgedehnter und umfassen eine Wegstrecke von 30 bis 40 km.

Streckenritte führen über wesentlich längere Wegstrecken und dehnen sich über mehrere Tage aus. Sie bedürfen gründlicher Vorbereitung.

Planung und Organisation

Wochenendritte und Streckenritte bedürfen sorgfältiger Planung und Vorbereitung. Zur Planung gehören die Festlegung der Dauer und der Wegestrecken. Das Tagespensum ist vorher genau festzulegen. Hierbei muß auf das schwächste Teilnehmerpaar – Reiter und Pferd – Rücksicht genommen werden. Bei der Auswahl der Wegstrecken sind die Bodenverhältnisse – ebenes oder bergiges Gelände, kleine Wasserläufe – zu berücksichtigen. Es können Ausritte geplant werden, bei denen die Reiter am Abend wieder an den Ausgangsort zurückkehren. Ebenso können Streckenritte in mehreren Etappen durchgeführt werden. Die organisatorischen Vorbereitungen hierfür werden umfangreicher sein.

Für die Mitführung all dessen, was Reiter und Pferde für einen Etappen-Streckenritt brauchen, ist ein Fahrzeug von großem Nutzen. Es sollte morgens so früh aufbrechen, daß es vor Eintreffen der Reitergruppe am Zielort ist, um alle Vorbereitungen für die Versorgung von Pferd und Reiter treffen zu können.

Es sollten mitgeführt werden: Pferdefutter, Futterbeutel, Eimer, Putzzeug, Halfter, Anbindeketten oder Anbinderiemen, Anbindepflöcke, Ersatzteile für Zäumung und Sattelung, die gängigsten Medikamente für Pferd und Reiter, Pferdedecken.

Hinzu kommen die wirklich notwendigen Dinge des täglichen Bedarfs der Reiter.

Sicherheit von Reiter und Pferd

Sie ist von vornherein am besten gewährleistet, wenn Reiter und Pferd so trainiert sind, daß sie den Anforderungen gewachsen sind. Bei der Zusammenstellung der Reitergruppe ist hierauf besonders Bedacht zu nehmen. Das Reiten in der Natur und auf belebten Straßen schließt immer ein Risiko ein. Daher ist jedem Reiter zu empfehlen, als Halter eines Reitpferdes eine Haftpflichtversicherung abzuschließen. Darüber hinaus sollte er gegen Unfall versichert sein.

Sehr wichtig ist, daß sich Zäumung und Sattelung in einem einwandfreien Zustand befinden. Hier ist eine ständige Überprüfung unbedingt erforderlich. Jeder Reiter sollte eine bruch- und splittersichere Sturzkappe tragen. Wenn irgend möglich, sollten von Kraftfahrzeugen stark befahrene Wege und Straßen gemieden werden, und insbesondere dann, wenn die Pferde an den Straßenverkehr noch nicht genügend gewöhnt sind.

Jeder Ausritt sollte möglichst vor Eintritt der Dunkelheit beendet sein. In Fällen, in denen dies nicht möglich ist, müssen alle Pferde hinten oberhalb der Fessel spezielle Rückstrahler tragen. Der erste Reiter trägt eine Lampe mit weißem oder schwach gelblichem Licht, die an der der Straßenmitte zugewandten Seite des Pferdes gut sichtbar aufzuhängen ist. Der letzte Reiter trägt eine Lampe mit rotem Licht sinngemäß. Auf Straßen wird grundsätzlich scharf rechts geritten und in Reihe hintereinander.

Das Auf- und Absitzen auf einer belebten Straße ist auf jeden Fall zu vermeiden.

Die Ausrüstung des Reiters sollte davon ausgehen, das Pferd so wenig wie möglich zu belasten. Sie hängt von der Dauer des Rittes und davon ab, ob ein Fahrzeug mitgeführt wird. Die Mitführung von kleineren Satteltaschen, eines Anbinderiemens oder Anbindeseiles, eines Verbandpäckchens und einer elastischen Binde ist empfehlenswert. Ein unter der Trense aufgelegtes leichtes Stallhalfter ist von Vorteil.

Wichtig für den Reiter ist eine gutsitzende und bequeme Reithose. Ebenso kann eine lange Reithose, möglichst mit Waschlederbesatz, Verwendung finden. Anstelle eines Reitrocks empfiehlt sich in der warmen Jahreszeit eine Leinenjacke oder ein Pullover. Empfehlenswert ist eine Regenhaut.

Verkehrsregeln

Für Reiter und Führer von Pferden gelten die für den gesamten Fahrverkehr einheitlich bestehenden Verkehrsregeln und Anordnungen der Straßenverkehrsordnung (§ 28) sinngemäß. Davon im Auszug:

»(1) Haus- und Stalltiere, die den Verkehr gefährden können, sind von der Straße fernzuhalten. Sie sind dort nur zugelassen, wenn sie von geeigneten Personen begleitet sind, die ausreichend auf sie einwirken können. Es ist verboten, Tiere von Kraftfahrzeugen aus zu führen. Von Fahrrädern aus dürfen nur Hunde geführt werden.«

»(2) Für Reiter, Führer von Pferden sowie Treiber und Führer von Vieh gelten die für den gesamten Fahrverkehr einheitlich bestehenden Verkehrsregeln und Anordnungen sinngemäß. Zur Beleuchtung müssen mindestens verwendet werden:

1. Beim Treiben von Vieh vorn eine nicht blendende Leuchte mit weißem Licht und am Ende eine Leuchte mit rotem Licht,

2. beim Führen auch nur eines Großtieres oder von Vieh eine nicht blendende Leuchte mit weißem Licht, die auf der linken Seite nach vorn und hinten gut sichtbar mitzuführen ist.«

Rücksichtnahme auf andere Verkehrsteilnehmer, insbesondere Fußgänger, ist oberstes Gebot. Bei Begegnung mit anderen Reitergruppen oder Viehherden ist zum Schritt überzugehen.

Verhalten im Gelände

Die Hauptgangarten im Gelände sind Trab und Schritt, wobei der Trab deutlich überwiegt. Im Trab soll das

Tempo zügig, aber nicht forciert sein. Es richtet sich nach dem im Trab schwächsten Pferd. Schrittstrecken dienen der Erholung des Pferdes. Hierzu gehört auch gelegentliches Absitzen und Führen des Pferdes. Auf besonders geeigneten Wegestrecken – ebener und federnder Boden – kann auch auf kürzeren Strecken galoppiert werden. Im Trab wird nur leicht getrabt. Hierbei ist in gewissen Zeitabständen ein Fußwechsel vorzunehmen, um eine einseitige Belastung zu vermeiden. Während des Rittes sind Rasten einzulegen, deren Häufigkeit sich nach der Länge und Dauer des Rittes richtet. Das Tränken der Pferde sollte erst nach einer kleinen Pause vorgenommen werden.

Für das Reiten im Gelände gibt es unterschiedliche Marschformen, und zwar das Reiten in der Reihe hintereinander – auf schmalen Wegen –, das Reiten zu zweien nebeneinander und auf Lücke von Paar zu Paar – auf breiteren Wegen – und das Reiten im Rudel – auf sehr breiten Wegestrecken. Für längere Zeit lastete auf der Reiterei die Sorge, auf das Reiten im Walde ganz verzichten zu müssen. Diese Sorge ist nunmehr behoben, nachdem im Deutschen Bundestag ein Kompromiß erzielt worden ist. In den Bundesländern sind unterschiedliche Regelungen in Kraft, das Reiten auf Straßen und Wegen ist allgemein gestattet.

Pflicht jeden Reiters ist, das Eigentum anderer zu achten. Daher sind Forstkulturen, Dickungen, Neuanpflanzungen und Naturverjüngungen und insbesondere Grabenböschungen zu meiden.

Dasselbe gilt für landwirtschaftlich genutzte Flächen wie Wiesen, Weiden, Felder und auch hier Grabenböschungen.

Zum Reiten bieten sich unbefestigte Feldwege an. Sind tiefe Fahrspuren vorhanden, so reitet man auf dem meist begrünten Mittelstreifen zwischen den Wagenspuren.

Immer sollte der Reiter bemüht sein, den für sein Pferd bequemsten Weg zu reiten. Er erreicht dadurch die Schonung seines Pferdes.

Vor Durchreiten eines Wasserlaufes sind *vorher* Tiefe und Untergrund zu prüfen. Dasselbe gilt für das Hineinreiten in einen See. Wasserläufe und Seen mit morastigem Untergrund sind zu meiden.

Das Trinken der Pferde bei diesen Gelegenheiten ist dann zu vermeiden, wenn die Pferdes einen längeren

Ritt hinter sich haben und warm geworden sind.

Fällt ein Reiter vom Pferd, und läuft das Pferd davon, so kümmern sich die Teilnehmer der Gruppe zunächst um den Reiter. Dem entlaufenen Pferd nähert man sich mit einem oder zwei Pferden im Schritt. In den meisten Fällen wird es, seinem Herdentrieb folgend, sich von selbst wieder zu den anderen Pferden gesellen.

Das Anreiten zum Ausritt in der Gruppe erfolgt erst dann, wenn der letzte Reiter aufgesessen ist.

Beginnt ein Pferd unterwegs zu lahmen, so sind zunächst die Hufe auf Fremdkörper zu untersuchen. Häufigere Ursache ist ein eingetretener Stein. Er kann mit einem Holzstückchen leicht entfernt werden. Ist die Lahmheit damit nicht behoben, so muß das Pferd geführt werden. Bei starker Lahmheit muß das Pferd mit einem Pferdetransportwagen befördert werden.

Rasten Die Häufigkeit des Rastens richtet sich nach der Gesamtlänge des Rittes, nach der körperlichen Verfassung der Pferde und nach der Jahreszeit. An heißen Sommertagen sind häufigere Rasten erforderlich. Der Rastplatz soll schattig und windgeschützt sein. Schwitzende Pferde müssen eingedeckt werden. Der Sattelgurt ist zu lockern.

Der Reiter denkt immer zuerst an sein Pferd. Es wird getränkt und gefüttert, sofern eine längere Rast vorgesehen ist.

Wenn Stallhalfter mit Stricken nicht greifbar sind, müssen die Pferde von jedem einzelnen Reiter gehalten werden. Andernfalls können die Pferde an einen Baum oder an einen Zaunpfahl – auf Stacheldraht achten! – angebunden werden. Das Anbinden der Pferde mit den Trensenzügeln ist gefährlich. Besser: Anbinden mit einem Halsriemen.

Mehrere Pferde können durch Schlaufen verbunden werden. Die Pferde werden dann durch zwei Reiter gehalten.

Während jeder Rast sind die Pferde auf Verletzungen hin zu untersuchen. Zaumzeug und Sattelzeug sind zu überprüfen. Hierbei ist auf Satteldrücke und Scheuerstellen am Widerrist besonders zu achten. Der Rastplatz soll in dem Zustand verlassen werden, in dem er vorgefunden worden ist, nämlich in peinlich sauberem Zustand.

Verhalten in besonderen Situationen

Reitergruppen, die durch die Feldmark reiten, sollen bei Weiden, auf denen sich Vieh befindet, Schritt reiten. Sie vermeiden dadurch eine Beunruhigung des Viehes. Begegnen Reitergruppen einer Viehherde auf einem Feldweg oder einer Straße, so ist ebenfalls und rechtzeitig zum Schritt durchzuparieren. Es sollte dann in Reihe geritten werden, um dem Vieh genügend Platz zu lassen. Gerät die Viehherde ins Stocken oder zeigt sie Angst vor den Pferden, so sollte gehalten werden.

Galoppieren im leichten Sitz im Gelände

Bahnunterführungen sollen erst dann durchritten werden, wenn ein Zug nicht in Sicht ist. Dasselbe gilt für Bahnüberführungen. Ein gerade durchfahrender Zug führt mit großer Wahrscheinlichkeit zu einer starken Beunruhigung oder gar zum Durchgehen einiger Pferde. Eine frühzeitige Gewöhnung der Pferde an Zuggeräusche ist zu empfehlen.

Bei straßengleichen Bahnübergängen ist besondere Vorsicht geboten. Vor Übergängen mit Schranken oder Rotlichtsignalen ist in größerem Abstand zu halten. Die Pferde können durch hochgehende Schranken oder den herannahenden Zug erschreckt werden. Ungesicherten straßengleichen Bahnübergängen in der Feldmark ist ganz besondere Aufmerksamkeit zu widmen. Sie sind erst dann zu überreiten, wenn absolut sicher ist, daß kein Zug naht. Ein Beobachter muß absitzen. Handelt es sich um einen Übergang, der zwar Schranken hat, die aber von einem Stellwerk nicht bedient werden, so müssen zwei Reiter absitzen, ihre Pferde abgeben und die Schranken öffnen und wieder schließen.

Scheut ein Pferd vor einem ihm unbekannten Gegenstand, z.B. einer großen Baumaschine oder einem laut knatternden Trecker, so ist die erste und beste Einwirkung die beruhigende Stimme des Reiters. Durch vermehrtes Herannehmen des dem Gegenstand abgewandten Schenkels und des dem Gegenstand zugewandten Zügels begegnet man dem Ausbrechen des Pferdes. Ein Ausbrechen kann leicht zu einer Störung des Verkehrs oder womöglich zu einem Zusammenprall mit einem gerade vorbeifahrenden Kraftwagen führen.

Unfälle des Reiters Unfälle können überall auftreten, bei denen dann »*Erste Hilfe*« geboten erscheint, da sie für eine gute Heilung wichtig ist, manchmal sogar über Leben und Tod entscheiden kann.

Doch nur der kann richtig »*Erste Hilfe*« leisten, der sich einer entsprechenden Ausbildung unterzogen hat. Deutsches Rotes Kreuz, Malteser-Hilfsdienst, und weitere Organisationen bieten die Ausbildung kostenlos an; das sollte kein Reiter sich entgehen lassen. Auf Anweisungen für das Verhalten bei Verletzungen und Unfällen wird hier aus gutem Grunde verzichtet, da die vorher geübte Handhabung und gelernte Hilfeleistung die auch unter echten Bedingungen notwendi-

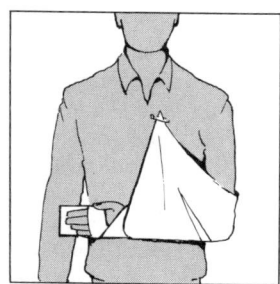

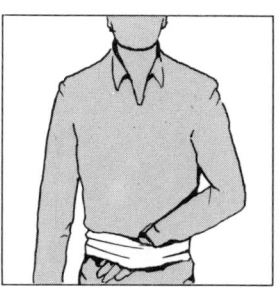

Behelfsmäßige Ruhigstellung bei Verdacht auf Armbruch

gen Handgriffe und Einsätze erst ermöglichen. Grundsatz sollte sein, auch bei anscheinend bedeutungslosen Verletzungen den Arzt zu Rate zu ziehen. Selbst bei harmlos aussehenden Stürzen können z.B. Gehirnerschütterungen vorkommen, die bei falscher Behandlung schwere Folgen nach sich ziehen können. Ebenso ist es mit inneren Verletzungen, die z.B. beim Ausschlagen von Pferden oft zu spät erkannt werden. Offene Wunden sind im Umgang mit Pferden immer möglich und müssen mit einer Tetanusvorsorge verbunden werden.

Wichtiger als die praktische Erste Hilfe ist bei Unfällen oft die psychologische Hilfe, die dem Unfallopfer gegeben wird, um Schockzustände zu mildern. Allein die Anwesenheit eines dann auch richtig Handelnden kann bis zum Eintreffen der Hilfsdienste und des Arztes lebenswichtig sein.

Verbandsmaterial und Möglichkeiten, fachgerechte Hilfe in kürzestmöglicher Zeit herbeirufen zu können, müssen vor jeder Veranstaltung, bei Ausritten ins Gelände, Reitjagden, überhaupt bei jedem Umgang mit dem Pferd vorher überlegt bzw. bereitgelegt werden. In jedem Stall muß ein Verbandskasten vorhanden sein und deutlich sichtbar am Telefon die Notrufnummern für Rotes Kreuz, Arzt, Tierarzt, Schmied mit den jeweiligen Vertretern angebracht werden. Für Notfallmeldungen sollte auch jeder Reiter die Meldeform kennen:

– Wer meldet?
– Was ist passiert?
– Wo ist es passiert?
– Wann ist es passiert?
– Wie viele verletzte Menschen oder Tiere?

Die wichtigsten Abbindstellen bei Schlagaderverletzungen

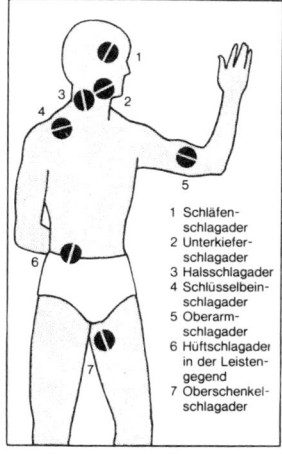

1 Schläfenschlagader
2 Unterkieferschlagader
3 Halsschlagader
4 Schlüsselbeinschlagader
5 Oberarmschlagader
6 Hüftschlagader in der Leistengegend
7 Oberschenkelschlagader

Beim *Wundreiten*, das durch eine schlechtsitzende Reithose oder mangelnde Reinlichkeit entstehen kann, ist sorgfältiges Reinigen der betroffenen Stellen mit Wasser und Abtrocknen erforderlich. Die Wundstellen sind mit Talgpuder zu bestreuen oder ein schützender Verband anzulegen. Blasen sollen nicht geöffnet werden.

Die Sorge um das Pferd

Zu einem Ausritt, der gelingen und Freude machen soll, gehören ein gesunder Reiter und ein gesundes Pferd. Beide sollen auf die zu erwartenden Leistungen sorgfältig vorbereitet sein. Anzeichen für ein gesundes Pferd sind seine Aufmerksamkeit und sein Interesse für die Umgebung, ein lebhaftes Ohrenspiel, klare und glänzende Augen, trockene Nüstern, geräuschlose Atmung, glänzendes und glattes Fell, kühle und klare Beine, normales Trinken, guter Appetit und lebhaftes Kauen, hellgelber und trüber Urin und bräunliche unregelmäßige feste Kotballen.

Liegen diese Anzeichen nicht mehr vor, so ist das Pferd krank und bedarf der Behandlung. Ob und wann ein Tierarzt heranzuziehen ist, hängt von der Art und Ernsthaftigkeit der Erkrankung ab.

Kranke Pferde, deren weitere Teilnahme am Ausritt nicht verantwortet werden kann, sind mit einem Transportwagen nach Hause zu bringen.

Kleinere Verletzungen sollte jeder Reiter selbst behandeln können, doch erscheint es auch hier notwendig, die Handgriffe der Hilfeleistung einmal zu üben. Entsprechende Unterweisungen erhalten Sie sicher von Ihrem Tierarzt, der auch die Grenzen der eigenen alleinigen Hilfeleistung aufzeigen wird. Zu den Vorsorgemaßnahmen zählt auch die Schutzimpfung gegen Wundstarrkrampf (Tetanus), die regelmäßig zu wiederholen ist.

Die nachstehenden Bestimmungen sind Gegenstand der theoretischen Prüfung.

§ 1 Zweck dieses Gesetzes ist es, aus der Verantwortung des Menschen für das Tier als Mitgeschöpf dessen Leben und Wohlbefinden zu schützen. Niemand darf einem Tier ohne vernünftigen Grund Schmerzen, Leiden oder Schäden zufügen.

Tierschutzgesetz vom 18. August 1986

§ 2 Wer ein Tier hält, betreut oder zu betreuen hat,
1. muß das Tier seiner Art und seinen Bedürfnissen entsprechend angemessen ernähren, pflegen und verhaltensgerecht unterbringen,
2. darf die Möglichkeit des Tieres zu artgemäßer Bewegung nicht so einschränken, daß ihm Schmerzen oder vermeidbare Leiden oder Schäden zugefügt werden.

§ 2a Er regelt u. a. die generellen Bedingungen für die Haltungsanforderungen und den Transport von Pferden.

§ 3 Ziff. 1
Es ist verboten,
1. einem Tier außer in Notfällen Leistungen abzuverlangen, denen es wegen seines Zustandes offensichtlich nicht gewachsen ist oder die offensichtlich seine Kräfte übersteigen,
5. ein Tier auszubilden, sofern damit erhebliche Schmerzen, Leiden oder Schäden für das Tier verbunden sind,
11. an einem Tier bei sportlichen Wettkämpfen oder ähnlichen Veranstaltungen Dopingmittel anzuwenden.

§ 11 Er beinhaltet u. a. die Anmeldepflicht für gewerbliche Reit- und Fahrbetriebe.

§ 18 Er hat die Ordnungswidrigkeiten und deren Ahndung zum Inhalt.

Hier werden Grundkenntnisse über die Vegetation und Kenntnisse über land- und forstwirtschaftliche Kulturpflanzen, geschützte Tiere und Pflanzen und Giftpflanzen verlangt.

Naturkunde

D ie allseits begrüßte, reiterfreundliche Gesetzgebung hat die FN veranlaßt, ihrerseits der Öffentlichkeit ein deutlich sichtbares Zeichen ihrer Mitverantwortung für die Sicherheit und Ordnung in Wald und Flur zu geben. Dieses Zeichen ist der von der FN eingeführte Reiter-Paß, der *allen* Reitern, also nicht nur Mitgliedern der FN-Organisation, die Möglichkeit gibt, in einer Sonderprüfung nachzuweisen, daß sie in der Lage sind, ein Pferd im Gelände verkehrsgerecht zu beherrschen.

Für die Ausstellung des Reiter-Passes (FN) gelten folgende Richtlinien:

Reiter-Paß (FN)

1. Zweck des Reiter-Passes (FN)

Ziel der Reiter-Paß-Ausbildung ist es, das reiterliche Können zu heben, Kenntnisse des Tier- und Naturschutzes sowie der gesetzlichen Vorschriften über das Reiten in der Landschaft zu vermitteln, das Verständnis für die Belange anderer Erholungssuchender und der Nutzer der Landschaft zu fördern und damit für mehr Sicherheit und Ordnung beim Ausreiten zu sorgen.

Durch den Reiter-Paß wird dem Inhaber bestätigt, daß er zum Zeitpunkt der Prüfung über Grundkenntnisse und Fähigkeiten verfügt, um sich mit seinem Pferd im Gelände sowie im Straßenverkehr bewegen zu können. Die Zulassung zu Wettbewerben und Leistungsprüfungen wird hierdurch nicht berührt; sie ist ausschließlich durch die LPO geregelt.

Der Reiter-Paß soll den Reiter zu fairem Verhalten, insbesondere zur Rücksichtnahme gegenüber den anderen Nutzern der Landschaft und zu korrektem Verhalten im Straßenverkehr anhalten. Der Inhaber des Reiter-Passes soll sich stets seiner besonderen Verpflichtung gegenüber seinem Pferd und gegenüber der Landschaft bewußt sein.

2. Voraussetzung für die Zulassung zur Prüfung

Zur Prüfung sollen nur Bewerber zugelassen werden, die über ein angemessenes reiterliches Können und eine körperliche und geistige Mindestreife verfügen.

3. Veranstalter

Veranstalter einer Reiter-Paß-Prüfung kann ein dem Landesverband angeschlossener Reitverein, ein FN-gekennzeichneter Reitbetrieb und eine der FN angeschlossene sonstige Organisation sein. Ein anderer Betrieb kann im Einzelfall vom Landesverband oder Regionalverband bzw. von der Landeskommission als Veranstalter anerkannt werden. Der Veranstalter teilt den Prüfungstermin schriftlich der Landeskommission unter Angabe der Anzahl der Bewerber zur Genehmigung mit. Er schlägt den (die) Reiter-Paß-Richter vor.

4. Reiter-Paß-Richter

Als Reiter-Paß-Richter kann tätig sein, wer auf der Richterliste seiner Landeskommission mit der Qualifikation RP geführt wird.

Das Richteramt darf nicht ausüben, wer als Reitlehrer den betreffenden Bewerber unterrichtet hat bzw. als Ausbilder oder Leiter in dem Betrieb tätig ist, in dem die Reiter-Paß-Prüfung veranstaltet wird, oder wer in einem verwandschaftlichen Verhältnis zu dem betreffenden Bewerber steht.

Der Veranstalter muß dem Richter auf Verlangen für den Prüfungsritt ein Pferd zur Verfügung stellen, das mit dem Prüfungsgelände und dem örtlichen Fahrzeugverkehr vertraut ist.

5. Pferde

Die am praktischen Teil der Prüfung teilnehmenden mindestens 4jährigen und älteren Pferde sollen mit dem Gelände und dem örtlichen Fahrzeugverkehr vertraut sein und den Anforderungen der Prüfung voll genügen.

6. Praktische Teilprüfung

Prüfungsinhalt:

Der praktische Teil besteht aus einem Ausritt ins Gelände, insbesondere

– Vorbereiten des Pferdes zum Ausritt (Putzen, Zäumen, Satteln);
– Reiten in allen Grundgangarten;
– Kolonnenreiten (nebeneinander, überholen, gegeneinander);
– Einzelgalopp von Punkt zu Punkt;
– Überwinden kleiner natürlicher Hindernisse (z.B. Kletterstelle, Wassereintritt);
– auf Wunsch des Bewerbers zusätzlich Springen im Gelände von 4 festen Hindernissen (bis zu 0,80 m hoch);

- andere Reitweisen (z.B. Western) sind zulässig;
- Straßenüberquerung (notfalls simulieren);
- Wegreiten von der Gruppe einzeln oder zu zweit;
- Versorgen des Pferdes bei Rast oder Unfall (simulieren);
- Berittübernahme und Fütterung der Gruppe (nur durch Erwachsene);
- Versorgen des Pferdes nach dem Ausritt.

Weitere sinnvolle Aufgaben (z.B. Führen eines Handpferdes) sind möglich.

7. Theoretische Prüfung

Der Prüfungsinhalt ergibt sich aus der Reiter-Paß-Fibel (FN) und umfaßt:
- Grundkenntnisse der Reitlehre (Sitz, Hilfen, Gangarten);
- Grundkenntnisse der Pferdehaltung (Pflege, Fütterung, Tränken, Anzeichen von Krankheiten, Giftpflanzen);
- Reiterliches Verhalten und Umweltschutz (Begegnung mit Fußgängern, Rücksicht auf Jagd, Land- und Forstwirtschaft);
- Reiten im Straßenverkehr (Reiten im Verband, Verkehrsregeln);
- Unfallverhütung (z.B. Ausrüstung von Reiter und Pferd, Verladen, Anbinden);
- Erste Hilfe für Reiter und Pferd (Verhalten bei Unfällen und bei akuten Krankheiten des Pferdes);
- Rechtsvorschriften (Straßenverkehrsrecht, Reiten in Feld und Wald, Tierschutzgesetz, Tierhalterhaftung und -versicherung).

8. Prüfungsdurchführung

Die Prüfung erfolgt gruppenweise.

Da die praktische Prüfung ausschließlich im Gelände stattfindet, soll der Reiter-Paß-Richter die Gruppe zu Pferde begleiten und beurteilen. Bei übersichtlichem Gelände kann die Beurteilung auch von einem geeigneten Standort aus erfolgen.

Das abschließende Prüfungsurteil sowohl für die praktische Teilprüfung als auch für die theoretische Teilprüfung lautet jeweils »bestanden« oder »nicht bestanden«. Das erfolgreiche Absolvieren der Aufgabe Springen wird bei Bestehen der Gesamtprüfung im Reiter-Paß besonders vermerkt, gilt jedoch bei nicht erfolgreichem Absolvieren als nicht geprüft.

9. Aufbauprüfung
Eine bestandene Prüfung kann einmal wiederholt werden. Diese Aufbauprüfung muß im praktischen Teil um einen Geländeteil gem. LPO § 250/251 (in Anlehnung an einen GeländereiterWB) erweitert werden. Nach bestandener Aufbauprüfung wird die RP-Nadel in Sonderausführung verliehen.

10. Wiederholung der Prüfung
Eine nicht bestandene Reiter-Paß-Prüfung kann nach einem Zeitraum von jeweils 3 Monaten beliebig oft wiederholt werden.
Eine bestandene Reiter-Paß-Prüfung kann nach Ablauf von jeweils einem Jahr beliebig oft wiederholt werden. Nach vier bestandenen Wiederholungsprüfungen wird die RP-Nadel in Sonderausführung verliehen.

11. Gültigkeit des Reiter-Passes
Der Reiter-Paß gilt auf unbestimmte Zeit. Der Inhaber ist berechtigt, die Reiter-Paß-Nadel zu tragen. Der Reiter-Paß kann aus wichtigem Grund entzogen werden.

Im Jahre 1988 wurde mit der Schaffung des Kleinen Hufeisens und der Reiternadel ein besonderes Angebot für den Bereich der Junioren und der Senioren gemacht, das vor allem im Juniorenbereich dankbar angenommen wird. Seit 1994 werden die Angebote differenzierter im Juniorenbereich um das Große Hufeisen erweitert und die Reiternadel bereits für Junge Reiter vergeben.
Das Kleine Hufeisen wird jetzt nur an Junioren bis zum 16. Lebensjahr vergeben, während das Große Hufeisen für alle Junioren, die im laufenden Jahr nicht älter als 18 Jahre alt werden. Alle diese Abzeichen sollen jenen, die nicht am Turniersport interessiert sind, die Möglichkeit geben, sich einem reiterlichen Leistungsvergleich zu stellen – auf einem Niveau, das dem Sportabzeichen entspricht. Sie können jährlich wiederholt werden.
Die Reiternadel ist nunmehr für alle Jungen Reiter und Senioren offen. Sie soll besonders Seiteneinsteiger ansprechen, also Reiterinnen und Reiter, die nicht als Junioren zum Reiten kamen und nicht die Möglichkeit haben, das Deutsche Reiterabzeichen abzulegen. Mitgliedschaft in einem Reitverein ist nicht vorgeschrieben.

Kleines und Großes Hufeisen Reiternadel

Quelle und Herausgeber: Deutsche Reiterliche Vereinigung e.V. (FN), Warendorf

Die Abzeichen können jährlich neu erworben werden. Für die Ausstellung gelten folgende Richtlinien:

Das Kleine Hufeisen
Zweck

Das Kleine Hufeisen hat einen anderen Schwerpunkt als das Reit- oder Voltigierabzeichen. Der Umgang mit dem Pferd und das Wissen über das Pferd nehmen denselben Stellenwert ein wie das praktische Reiten oder Voltigieren selbst. Bei diesem Abzeichen werden daher Kenntnisse über artspezifische Eigenschaften des Pferdes, über Haltung und sachgerechten Umgang mit dem Pferd genauso geprüft wie das Reiten oder Voltigieren. Damit wird die Grundlage für eine systematische Erziehung zu mehr »horsemanship« gelegt. Entscheidend ist, daß die Kinder und Jugendlichen durch dieses Abzeichen für den Pferdesport motiviert werden sollen.

Zulassung

Eine genügend körperliche und geistige Reife muß vorausgesetzt werden können. Es besteht bei den Kindern keine Altersbegrenzung nach unten.

Erwerb aufgrund einer Sonderprüfung

Umgang mit dem Pferd und Pferdepflege können nach Ermessen des Prüfers kontrolliert werden. Dabei sollte das Alter und die Erfahrung des Kindes berücksichtigt werden. Beispiele: Hufe auskratzen, Schweif- und Mähnenpflege, Anbinden und Führen eines Pferdes.
Das Kleine Hufeisen kann wahlweise mit dem praktischen Teil »Reiten« oder »Voltigieren« erworben werden.

Praktischer Teil »Reiten«

Jüngere Kinder, aber auch Anfänger sind mit dem Anspruch korrekten dressurmäßigen Reitens oft überfordert. Um auch diese Kinder zum ernsthaften Reiten zu motivieren und bestehende Ängste abzubauen, sollen ihrem Entwicklungs- und Ausbildungsstand gemäß ansprechende und spielerische Aufgaben gestellt werden.
Beispiel: Das Reiten über am Boden liegende Stangen ist für Kinder weitaus interessanter als das korrekte Ausreiten einer Ecke.

Praktischer Teil »Voltigieren«

Die Kinder sollen vor allem Fairneß und Kamerad-
schaft in der Gruppensportart Voltigieren demon-
strieren. Darüber hinaus sollen sie das Miteinander
mit dem Partner »Pferd« erleben. Beispiel: Vier Pficht-
übungen aus dem D-Programm des Voltigierens oder
Kürübung oder wie helfe ich einem schwächeren Mitglied der Voltigiergruppe aufs Pferd?

Theorie

Auch hier liegt der Umfang der Prüfungsfragen ganz
im Ermessen des Prüfers. Gerade bei den Fächern
»Reitlehre/Voltigierlehre« können noch Lücken vorherrschen oder schon sehr fundierte Kenntnisse (je
nach Alter, Erfahrung und Vorbereitungsunterricht
des Bewerbers) vorliegen.
Beispiel: Grundkenntnisse über Sitz und Hilfen bzw.
über Voltigierübungen oder aus Pferdehaltung und
Umgang mit dem Pferd: Warum muß ich ein Pferd putzen? Wieviel Wasser benötigt ein Pferd täglich?

Prüfungsort

Die Prüfung kann in jedem Reiterverein durchgeführt
werden. Damit ist gewährleistet, daß auch regelmäßig
Reit- oder Voltigierunterricht erteilt werden kann. Die
Prüfung darf nicht in Verbindung mit einer PLS/PS
abgehalten werden.

Prüfungskommission

Der eigene Ausbilder oder besser der Ausbilder des
Nachbarvereins kann die Prüfung abnehmen, sofern
er mindestens die Qualifikation »Fachübungsleiter
Reiten/Voltigieren« bzw. die Richterqualifikation
besitzt. Aber für die Kinder eines Reitvereins ist es
sicher spannender, wenn nicht der eigene Ausbilder
als Prüfer fungiert. Eine gewisse »Nachbarschafts-
hilfe« unter den Reitvereinen wäre hier sicher angebracht. Es sollte auf jeden Fall dem Ausbilder überlassen bleiben, den Zeitpunkt der Prüfung für seine Schüler festzulegen. Diese Regelung hat sich bei der
Prüfung zum »Seepferdchen« bewährt. Hier nimmt der
Schwimmlehrer auch selbst die »Prüfung« ab.

Prüfungsergebnis

Grundsätzlich sollte die Prüfung so durchgeführt werden, daß jeder Bewerber eine reelle Chance hat, sie

auch zu bestehen. Nur so wird Motivation bei den Jugendlichen geweckt.

Wiederholung der Prüfung
Eine nicht bestandene Prüfung sollte erst dann wiederholt werden können, wenn der Bewerber tatsächlich den Prüfungsanforderungen gewachsen ist.

Verleihung des Abzeichens
Auf der Urkunde ist unter dem Wort »verliehen« bewußt Raum freigelassen worden, damit jeder Landesverband dort seinen Eindruck vornehmen kann. Unten links auf der Urkunde ist ebenso Platz für den Landesverbandsstempel ausgespart.

Das »Große Hufeisen«
Zulassung
Da eine weitergehende reiterliche Qualifikation von den Prüflingen verlangt wird, ist dieser Gesichtspunkt bei der Zulassung besonders zu beachten.

Erwerb aufgrund einer Sonderprüfung
Die Prüfung besteht aus den Prüfungsteilen »Umgang mit dem Pferd«, »Reiten« und »Theorie«.
Im Teil »Umgang mit dem Pferd« werden erhöhte Anforderungen gegenüber dem Kleinen Hufeisen gefordert, so korrektes Führen von Pferden, Wenden auf der Stallgasse, Putzen mit Striegel und Kardätsche u. a. Die Prüfung darf nicht im Zusammenhang mit einer PS/PLS abgehalten werden, sie kann bei jedem Reitverein durchgeführt werden, der über Reithalle oder einen Reitplatz verfügt.

Teilprüfung Reiten
Die Anforderungen liegen auf der Ebene des Dressurreiter- und Springreiterwettbewerbs, also im Eingangsbereich der Klasse E. Bedeutenden Raum nehmen aber auch Auf- und Absitzen, Bahndisziplin, Reiten über Cavaletti auf dem Außenplatz oder Beherrschen des Pferdes ein.

Teilprüfung Theorie
Neben den Fragen aus dem direkten Umgang mit dem Pferd sind vermehrt Fragen der Reitlehre zu prüfen, auch die Grundkenntnisse auf dem Gebiet Fütterung, Tierschutz und Unfallverhütung sind zu prüfen.

Prüfungskommission

Es gelten die Bestimmungen des Kleinen Hufeisens, so daß als unterste Stufe der Qualifikation der Prüfungsabnahme der Fachübungsleiter Reiten oder der Reitwart gilt. Ein Prüfer kann die Prüfung allein abnehmen.

Prüfungsergebnis

Für die Bewertung ist die Sachkundigkeit und Geschicklichkeit im Umgang sowie das Grundwissen über das Pferd/Pony ausschlaggebend. Sitz und Hilfengebung beim Reiten fließen in die Beurteilung mit ein. Das Prüfungsergebnis lautet »bestanden« oder »nicht bestanden« ohne Wertnotenvergabe.

Wiederholung der Prüfung

Das Abzeichen kann insgesamt zu jedem nachfolgenden Termin wiederholt werden. Es kann jährlich neu erworben werden.

Verleihung des Abzeichens

Das Abzeichen ist wie das Kleine Hufeisen ein Stoffabzeichen, das mit einer Urkunde nach bestandener Prüfung verliehen wird.

Die »Reiternadel«

Zweck

Für Senioren, die nicht leistungsorientiert sind bzw. erst im späteren Alter mit dem Reiten begonnen haben, fehlt ein entsprechendes Angebot. Der Sinn und Zweck des Abzeichens besteht darin, für diese Gruppe einen Anreiz zur Fortbildung zu geben, sie zu motivieren und sie letztlich an den Reitsport zu binden. Diese, für unseren Reitsport wichtige Gruppe der Senioren ist daran interessiert, sich einem Leistungswettbewerb zu stellen, der dem Deutschen Sportabzeichen ähnelt und der jährlich wiederholt werden kann.

Zulassung

Eine Zugehörigkeit der Jungen Reiter oder Senioren ab dem 19. Lebensjahr zu einem Reitverein ist nicht vorgeschrieben (anders als in der alten Version bis 1993).

Erwerb aufgrund einer Sonderprüfung

Die Prüfung besteht aus drei Teilprüfungen, die an einem Tag bzw. an zwei aufeinanderfolgenden Tagen abzulegen sind.

Teilprüfung Umgang mit dem Pferd

Die Fertigkeiten im Umgang mit dem Pferd und der Pferdepflege sollen auch in dieser Altersgruppe erkennen lassen, daß der Bewerber sich mit den Pferden vertraut gemacht hat, selbständig mit Pferden umgehen kann und ihre Versorgung beherrscht.

Teilprüfung Reiten

Pflichtteilnahme besteht an einer Reitfertigkeitsprüfung mit Auf- und Absitzen, Reiten in der Abteilung, auch über Cavalettis und um Tonnen oder Ständer. Eine eigene Prüfung im Dressurreiten entfällt, wenn der Bewerber am Springen teilnimmt. Hierfür wird das Überwinden eines Parcours mit 6 bis 8 Hindernissen gefordert. Wird auf das Springen verzichtet, so hat der Bewerber zusätzlich eine Dressurprüfung Kl. E im Einzelreiten zu absolvieren, wobei Ausbinde- und Stoßzügel erlaubt sind.

Teilprüfung Theorie

Die Prüfungsfragen liegen im Ermessen der Prüfungskommission, müssen jedoch die drei in den Durchführungsbestimmungen aufgeführten Sachgebiete Zäumung/Sattelung, Grundkenntnisse Reitlehre und Tierschutzgesetz und reiterliches Verhalten in Feld, Wald und auf Straßen umfassen.

Prüfungsort

Die Prüfung kann in jedem Reitverein durchgeführt werden. Damit ist gewährleistet, daß regelmäßig Reitunterricht erteilt werden kann. Die Prüfung darf nicht in Verbindung mit einer PLS/PS abgehalten werden.

Prüfungskommission

Mindestens ein anerkannter Richter.

Prüfungsergebnis

Die Leistungen werden in den beiden Prüfungsteilen (praktischer und theoretischer Teil) getrennt bewertet und lautet auf »bestanden« oder »nicht bestanden«. Beide Prüfungsteile müssen bestanden werden.

Wiederholung der Prüfung

Eine nicht bestandene Prüfung muß in allen Teilprüfungen wiederholt werden, eine Wartefrist besteht nicht.

Das Abzeichen kann jährlich neu erworben werden.

Verleihung des Abzeichens

Die Reiternadel wird nach bestandener Prüfung zusammen mit einer Urkunde durch die Richter ausgehändigt.

Weitere Bestimmungen

Die Landesverbände und LK regeln in eigenen Bestimmungen Anmeldung, Richtereinsatz und Durchführung der Prüfungen zum Kleinen und Großen Hufeisen und zur Reiternadel.

Angesichts der Tatsache, daß der Reitsport schon lange nicht mehr ein exklusiver Sport ist, sondern ein Volkssport wie viele andere Sportarten auch geworden ist, haben sich neben den reitsportlichen Organisationen auch öffentliche Stellen seiner Förderung angenommen. Allerdings beschränken sich die Hilfsmaßnahmen der öffentlichen Stellen auf solche, die der Talentsuche und Talentförderung dienen. Die verfügbaren Geldmittel reichen natürlich nicht aus, um auch die Breitenarbeit in der Reiterei zu fördern. Dies muß daher den reiterlichen Organisationen überlassen bleiben.

Die *Spitzenorganisation* für Reitsport und Pferdezucht ist die *Deutsche Reiterliche Vereinigung (FN)-Hauptverband für Zucht und Prüfung deutscher Pferde*. Die Abkürzung FN bedeutet Fédération Equestre Nationale und kennzeichnet die Deutsche Reiterliche Vereinigung als deutsche Vertretung in der FEI – Fédération Equestre International – Internationale Reiterliche Vereinigung. Das nachstehende Schema (s. Seite 179) verdeutlicht Aufbau und Organisation der FN.
Diese Gliederung läßt erkennen, daß alle Organisationen, die sich dem Pferde und dem Reitsport verbunden und verpflichtet fühlen, hier sinnvoll auf Bundesebene zusammengeschlossen sind.
Die *Landes-Reiterverbände* sind der Zusammenschluß aller Reit- und Fahrvereine in Stadt und Land. Es besteht pro Bundesland jeweils ein Landesverband, der in einzelnen Länderen in mehrere Regional- oder Provinzialverbände unterteilt ist. Diese sind in Kreisverbände, Kreisarbeitsgemeinschaften o. ä. organisiert. Innerhalb der Landesverbandsbereiche bestehen *Landeskommissionen für Pferdeleistungsprüfungen*, die in ihrem Bereich den Turniersport regeln und beaufsichtigen, die Richter- und Parcourscheflisten erstellen, die Sonderprüfungen für Leistungsabzeichen genehmigen und in Rechtsfällen mit Disziplinarkommissionen Ordnungsmaßnahmen verhängen können.

Die Pferdezuchtverbände in der Bundesrepubik sind in gleicher Weise als Landespferdezuchtverbände gegliedert. Sie sind im Bereich Zucht der Deutschen Reiterlichen Vereinigung zusammengefaßt.

Die Deutsche Reiterliche Vereinigung
(Hauptverband für Zucht und Prüfung Deutscher Pferde) e.V. (FN)

Präsidium
(12 Personen)

Mitgliederversammlung
Delegierte aller Mitglieds- und Anschlußorganisationen
(tagt alle 4 Jahre)

Verbandrat
Vorsitzende der Mitglieds- und Anschlußorganisationen der Bereiche
Zucht, Sport und Persönliche Mitglieder
(tagt jährlich)

Bereich Sport	Bereich Zucht	Bereich persönliche Mitglieder
15 Landesverbände DOKR DRFV DRV LK + OBELF	z. Zt. 26 Pferdezucht- verbände	z. Zt. ca. 8000 Mitglieder in 15 Verbands- bereichen
Vorstand Sport 14 Personen	Vorstand Zucht 8 Personen	Vorstand Persönliche Mitglieder 7 Personen
Beirat Sport tagt alle 2 Jahre	Beirat Zucht tagt alle 4 Jahre	Beirat Persönliche Mitglieder tagt nach Bedarf
Delegierten- versammlung Sport (tagt alle 2 Jahre)	Delegierten- versammlung Zucht (tagt alle 2 Jahre)	Mitglieder- versammlung Persönliche Mitglieder (tagt alle 4 Jahre)

Auf Bundesgebietsebene arbeiten die Verbände der Trakehner, Araber, Traber und anderer Spezialrassen. Sie sind ebenfalls Mitglieder des Bereichs Zucht der FN.

Das *Deutsche Olympiade-Kommitee für Reiterei* (DOKR), das seinen Sitz in Warendorf in Westfalen hat, ist eine Mitgliedorganisation der FN und nimmt hierbei eine Sonderstellung ein. Seine Aufgabe ist es, den Spitzensport im Reiten, Fahren und Voltigieren zu fördern.

Bei dem hohen Stande der Reiterei in der ganzen Welt ist diese Aufgabe von besonderer Wichtigkeit. Ehrenamtlich zusammengesetzte *Ausschüsse für Dressur, Vielseitigkeit, Fahren und Springen* befinden über die Auswahl der Reiter, denen eine besondere Förderung zuteil wird. Die ausgewählten Reiter der Spitzenklasse werden in die *Auswahlmannschaft A* berufen. Die Berufung erfolgt auf Grund ganz bestimmter Turniererfolge innerhalb eines bestimmten Zeitraumes mit einem oder mehreren Pferden. Bleiben diese Erfolge innerhalb eines bestimmten Zeitraumes aus, kann der Reiter der Auswahlmannschaft A jedoch nicht mehr angehören.

Eine weitere Gruppe von Reitern ist in der *Auswahlmannschaft B* zusammengefaßt. Auch diese Gruppe muß bestimmte Erfolge nachweisen. Aus ihr können Reiter zu gegebener Zeit in die Auswahlmannschaft A aufsteigen.

Die dritte Gruppe ist die *Auswahlmannschaft C*, die Junioren und Jungen Reitern vorbehalten ist, also dem Nachwuchs der deutschen Reiterei. Die Berufung erfolgt hier ebenfalls auf Grund von Turniererfolgen.

Für die Spitzenausbilder sind »Kadertrainergruppen A, B, C« gebildet, die auf Grund eigener Erfolge der Trainer als auch der Ausbildungserfolge von Reitern/Pferden im A-, B- und C-Kaderbereich berufen werden.

In besonderen Lehrgängen werden die Reiter der Auswahlmannschaften immer wieder geschult und auf Veranstaltungen von höchstem Rang, national und international, vorbereitet.

Hierzu gehören nationale und internationale Turniere, Europameisterschaften, Weltmeisterschaften und Olympische Spiele.

Der *Deutsche Reiter- und Fahrer-Verband e.V.* (DRFV) ist der Zusammenschluß und die Interessenvertretung der Reiter und Fahrer aller Disziplinen auf Bundesebene, die sich insbesondere dem Turniersport und der Jagdreiterei verbunden fühlen. Er ist Mitgliedorganisation der FN und steht seinen Mitgliedern, Turnierveranstaltern und Reitvereinen beratend zur Verfügung. Zur Wahrnehmung dieser Aufgaben verfügt er über *Fachgruppen* für Dressur, Springen, Vielseitigkeit, Jagdreiten, Fahren und Berufsreiter, deren Vorsitzende und Mitglieder ehrenamtlich tätig sind.

Die *Deutsche Richtervereinigung für Pferdeleistungsprüfungen e.V.* (DRV) stellt innerhalb der FN den Zusammenschluß der Turnierfachleute, der Richter und Parcourschefs für Pferdeleistungsprüfungen, dar.
Die wesentlichen Aufgaben der Vereinigung sind die Weiterbildung der Richter und Parcourschefs und die Heranbildung der Anwärter im Richter- und Parcourschefbereich; die Förderung der Lehre vom Reiten nach den Grundsätzen der klassischen Reitkunst; die Zusammenarbeit mit der FN, den Anschlußverbänden und den Landeskommissionen in allen Fragen, die mit dem Richten bei Pferdeleistungsprüfungen zusammenhängen; die Ausarbeitung und Erprobung von Verbesserungvorschlägen für Anforderungen, Beurteilungen und Richtverfahren in Pferdeleistungsprüfungen; Pflege des Kontaktes zu ausländischen Richtern – Abhaltung von Richter- und Richteranwärter-Lehrgängen in Zusammenarbeit mit den Landeskommissionen.

Die vorstehend genannten Organisationen widmen sich der Förderung des Reitsports in allen seinen Disziplinen. Das praktische reiterliche Leben vollzieht sich in den Reitvereinen in Stadt und Land und in selbständigen Reitinstituten.
Im Jahre 1994 bestehen, nach Integration der neuen Bundesländer, in der Bundesrepublik Deutschland ca. 5300 Reit- und Fahrvereine mit ca. 620 000 Mitgliedern.

Am Leistungssport nehmen in der Bundesrepublik Deutschland ca. 53 000 Reiterinnen und Fahrerinnen sowie ca. 26 000 Reiter und Fahrer und ca. 5500 Voltigierer aktiv teil. Diese erfreulich großen Zahlen beweisen deutlich, wie stark das Interesse am Pferd und am

Reiten heutzutage ist, und daß der Reitsport ein echter Volkssport geworden ist. Neben der sehr großen Zahl an aktiven Reitern, die sich am Turniersport beteiligen, gibt es den ständig wachsenden Kreis der Freizeitreiter, die auf eine Turnierteilnahme verzichten und sich überwiegend dem Reiten im Gelände widmen.

Die I. Olympischen Spiele der Neuzeit fanden im Jahre 1896 in Athen statt, also in dem Land, das den Spielen den Namen gegeben hat. Die II. Olympischen Spiele wurden im Jahre 1900 in Paris, die III. Olympischen Spiele im Jahre 1904 in St. Louis/USA, die IV. Olympischen Spiele im Jahre 1908 in London durchgeführt. Erstmalig bei den V. Olympischen Spielen im Jahre 1912 in Stockholm gehörten zu den Wettbewerben auch reiterliche Wettbewerbe, und zwar Dressur, Vielseitigkeit (Military) und Jagdspringen.

Es errangen Olympische Medaillen:

V. Olympische Spiele 1912 in Stockholm

Military – Einzelwertung
Silbermedaille: von Rochow
Military – Mannschaft
Silbermedaille: von Rochow, von Lütcken, von Moers, von Schaesberg-Thannheim
Großer Preis der Nationen – Mannschaft
Bronzemedaille: Freyer, von Hohenau, Deßloch, Friedrich Karl Prinz von Preußen

Die VI. Olympischen Spiele 1916 fanden wegen des Weltkrieges nicht statt. An den VII. Olympischen Spielen im Jahre 1920 in Antwerpen und an den VIII. Olympischen Spielen im Jahre 1924 in Paris nahmen deutsche Reiter nicht teil.

IX. Olympische Spiele 1928 in Amsterdam

Dressur – Einzelwertung
Goldmedaille: Frhr. von Langen-Parow
Dressur – Mannschaft
Goldmedaille: Frhr. von Langen-Parow, von Lotzbeck, Linkenbach
Military – Einzelwertung
Bronzemedaille: Neumann

An den X. Olympischen Spielen im Jahre 1932 in Los Angeles/USA nahmen deutsche Reiter nicht teil.

XI. Olympische Spiele 1936 in Berlin

Dressur – Einzelwertung
Goldmedaille: Pollay
Silbermedaille: Gerhard
Dressur – Mannschaft
Goldmedaille: Gerhard, von Oppeln-Bronikowski, Pollay
Military – Einzelwertung
Goldmedaille: Stubbendorf
Military – Mannschaft
Goldmedaille: Lippert, Stubbendorf, von Wangenheim
Großer Preis der Nationen – Einzelwertung
Goldmedaille: Hasse
Großer Preis der Nationen – Mannschaft
Goldmedaille: Brandt, von Barnekow, Hasse

Die XII. und XIII. Olympischen Spiele 1940 und 1944 fanden wegen des Zweiten Weltkrieges nicht statt. An den XIV. Olympischen Spielen im Jahre 1948 in London nahmen deutsche Reiter nicht teil.

XV. Olympische Spiele 1952 in Helsinki

Dressur – Mannschaft
Bronzemedaille: Ida Freiin von Nagel, Pollay, Thiedemann
Military – Einzelwertung
Bronzemedaille: Büsing
Military – Mannschaft
Silbermedaille: Büsing, Rothe, Wagner
Großer Preis der Nationen – Einzelwertung
Bronzemedaille: Thiedemann

XVI. Olympische Spiele 1956 in Melbourne

(Die Reiterspiele fanden in *Stockholm* statt)
Dressur – Einzelwertung
Bronzemedaille: Linsenhoff
Dressur – Mannschaft
Silbermedaille: Küppers, Linsenhoff, Weygand
Military – Einzelwertung
Silbermedaille: Lütke-Westhues
Military – Mannschaft
Silbermedaille: Lütke-Westhues, Rothe, Wagner
Großer Preis der Nationen – Einzelwertung
Goldmedaille: Winkler
Großer Preis der Nationen – Mannschaft
Goldmedaille: Lütke-Westhues, Thiedemann, Winkler

XVII. Olympische Spiele 1960 in Rom

Dressur – Einzelwertung
Bronzemedaille: Neckermann
Eine Mannschaftswertung in der Dressur wurde nicht durchgeführt.

Großer Preis der Nationen – Mannschaft
Goldmedaille: Schockemöhle, Thiedemann, Winkler

XVIII. Olympische Spiele 1964 in Tokio

Dressur – Einzelwertung
Silbermedaille: Boldt
Dressur – Mannschaft
Goldmedaille: Boldt, Klimke, Neckermann
Military – Einzelwertung
Bronzemedaille: Ligges
Military – Mannschaft
Bronzemedaille: Karsten, Ligges, Schulz (DDR)
Großer Preis der Nationen – Einzelwertung
Silbermedaille: Schridde
Großer Preis der Nationen – Mannschaft
Goldmedaille: Jarasinski, Schridde, Winkler

XIX. Olympische Spiele 1968 in Mexico City

Dressur – Einzelwertung
Silbermedaille: Neckermann
Bronzemedaille: Klimke
Dressur – Mannschaft
Goldmedaille: Linsenhoff, Klimke, Neckermann
Großer Preis der Nationen – Einzelwertung
Bronzemedaille: Winkler

XX. Olympische Spiele 1972 in München

Dressur – Einzelwertung
Goldmedaille: Linsenhoff
Bronzemedaille: Neckermann
Dressur – Mannschaft
Silbermedaille: Linsenhoff, Schlüter, Neckermann
Military – Mannschaft
Bronzemedaille: Gössing, Karsten, Klugmann, Schultz
Großer Preis der Nationen – Mannschaft
Goldmedaille: Ligges, Steenken, Wiltfang, Winkler

XXI. Olympische Spiele 1976 in Montreal

Dressur – Einzelwertung
Silbermedaille: Boldt
Bronzemedaille: Klimke
Dressur – Mannschaft
Goldmedaille: Boldt, Grillo, Klimke
Military – Einzelwertung
Bronzemedaille: Schultz
Military – Mannschaft
Silbermedaille: Ammermann, Blöcker, Rethemeier, Schultz
Großer Preis der Nationen – Einzelwertung
Goldmedaille: Alwin Schockemöhle
Großer Preis der Nationen – Mannschaft
Silbermedaille: Alwin Schockemöhle, Paul Schockemöhle, Sönksen, Winkler

Die XXII. Olympischen Spiele 1980 in Moskau wurden nicht beschickt, dafür jedoch die internationalen Festivals:

Internationale Festivals 1980

Fontainebleau

Vielseitigkeit – Mannschaftswertung
Silbermedaille: Ammermann, Klugmann, Schultz, Schwarz

Goodwood

Dressur – Einzelwertung
Silbermedaille: Schulten-Baumer
Bronzemedaille: Klimke
Dressur – Mannschaftswertung
Goldmedaille: Schulten-Baumer, Klimke, Sauer

XXIII. Olympische Spiele 1984 in Los Angeles

Dressur – Einzelwertung
Goldmedaille: Dr. Klimke
Dressur – Mannschaftswertung
Goldmedaille: Dr. Klimke, Sauer, Krug
Großer Preis der Nationen – Mannschaft
Bronzemedaille: P. Schockemöhle, Luther, Ligges, Sloothaak
Vielseitigkeit – Mannschaft
Bronzemedaille: Overesch, Erhorn, Hogrefe, Tesdorpf

XXIV. Olympische Spiele 1988 in Seoul

Dressur – Einzelwertung
Goldmedaille: Uphoff
Dressur – Mannschaftswertung
Goldmedaille: Dr. Klimke, Linsenhoff, Theodurescu, Uphoff
Großer Preis der Nationen – Springreiten – Einzelwertung
Bronzemedaille: Huck

Großer Preis der Nationen –
Mannschaftswertung
Goldmedaille: Beerbaum, Brinkmann,
Hafemeister, Sloothaak
Vielseitigkeit – Mannschaftswertung
Goldmedaille: Baumann, Ehrenbrink,
Erhorn, Kaspereit

XXV. Olympische Spiele 1992 in Barcelona

Dressur – Einzelwertung
Goldmedaille: Uphoff
Silbermedaille: Werth
Bronzemedaille: Balkenhol
Dressur – Mannschaftswertung
Goldmedaille: Uphoff, Werth,
Theodurescu, Balkenhol
Springreiten – Einzelwertung
Goldmedaille: Beerbaum
Vielseitigkeit – Einzelwertung
Silbermedaille: Blöcker
Vielseitigkeit – Mannschaftswertung
Bronzemedaille: Blöcker, Ehrenbrink,
Mysegaes, Dr. Baumann

Olympische Sommerspiele in Barcelona –
Blick auf das Reiterstadion während der
Dressur

Pferde verstehen – besser reiten

Heinz Kiemann
Neue Reitschule
Klassische Grundausbildung bis zur Turnierreife
Klassische Grundausbildung von Pferd und
Reiter – von Dressur, Springen und Gelände-
reiten bis zur Reitjagd und Turnierteilnahme.

Gerhard Kapitzke
Das Pferd von A–Z
Rassen, Zucht, Haltung Aktuelles Grundlagen-
wissen von A – Z zu Pferdezucht und -haltung
sowie zum Reit- und Fahrsport in 1070 Stichwör-
tern mit vielen informativen Fotos.

Kurt Albrecht
Ausbildungshilfen für Pferd und Reiter
Psychologie, Pädagogik und Didaktik im Dienste
der Ausbildung von Pferd und Reiter.
Methodische und psychologische Anleitungen
für Ausbilder und Dressurreiter: Sitz und
Einwirkung, Höhere Campagneschule, Arbeit an
der Hand, Spezialdressur, Korrektur-Hinweise
und vieles mehr.

Tom Ainslie/Bonnie Ledbetter
So verstehen Sie Ihr Pferd
Körpersprache und Verhalten
Fundiertes Praxisbuch über Natur, Bewußtsein
und Sozialverhalten des Pferdes:
viele Beispiele zu Körpersprache und Problem-
lösungen, Anleitungen zur Erziehung des
Fohlens, Tips zum Kauf eines Pferdes oder Renn-
pferdes.

François Lemaire de Ruffieu
Besser Springreiten
Basistraining für Pferd und Reiter
Pferdegerechte Ausbildung für den Springsport:
Analyse der Springtechnik, richtiges Verhalten
des Reiters beim Springen, Ausbildung
des Springreiters und des Springpferdes.

Gerhard Kapitzke
Du und Dein Pferd
Über das Reiten und den Umgang mit Pferden
Für den jugendlichen Reitanfänger: komprimier-
te Information über Verhalten, Wesen und
Bedürfnisse des Pferdes, über Haltung, Pflege,
Fütterung und erste Reitausbildung.

Colin J. Vogel
Was fehlt denn meinem Pferd?
Ratgeber für Erste Hilfe, Behandlungspraxis,
Notfälle
Die wichtigsten Erkrankungen – z.B. von Haut,
Atemwegen, Kreislauf, Bewegungsapparat oder
Nervensystem – selbst erkennen und behandeln;
Sofortmaßnahmen im Notfall, Inanspruchnahme
tierärztlicher Hilfe.